帰ってきた 助けてクマさん！
賃貸トラブル即応マニュアル

熊切伸英

住宅新報社

はじめに

【張り込み1日目】

マットレスと布団を準備し、テレビも持ち込んで長期戦に備えたのですが、よく考えてみるとテレビを見ていたら隣の音の確認などできませんよね。

午前0時近くなった頃、何かを叩く音が聞こえはじめました。

Cさんはこの音のことを言っていたのか、と納得できる音の大きさと不愉快さです。

それからしばらく音が聞こえなくなり、自分も眠くなってきた午前0時30分頃、今度は、壁を叩く音が聞こえてきました。

ドンドンドンドン……。かなり大きな音です。

あまりにも不愉快な音なので直接注意しに行きインターホンを鳴らすと、すぐにAさんが反応しました。

クマ　「うるさいです。何やってるんですか」

Aさん　「すみません」

インターホンの受話器越しのままAさんはドアを開けてくれなかったのですが、夜中でもあ

り、廊下で口論になるのを避けるために部屋に戻りました。すると、

Aさん「文句があるなら管理会社を通して言え！　こそこそインターホンで言うな」

玄関ドアのチェーンロックの隙間から外に聞こえるように大声を出しています。

クマ「なに騒いでるんですか！」

Aさん「私は生活音しか出していない！　文句があるなら管理会社を通せ！」

クマ「自分が管理会社だよ！」

Aさん「なんでクマさんが隣にいるんだ。不法侵入じゃないか！」

クマ「大家さんに許可取って入ってますよ。わけわからないことで叫ぶな！」

Aさん「今すぐ警察呼ぶぞ！　住居侵入罪でクマ容疑者になるから覚悟しろ」

Aさんが110番通報し、その後、警察官が4人登場。

クマ「ご苦労様です。管理会社ですが、隣の騒音トラブルの件で対応中なんです」

警官「ご苦労様です。ここだと話にくいでしょうから車で話しましょう」

警察官もAさんの件で度々出動しているので、Aさんの言うことなど信用していません。ちょうどよい機会なので、過去の経緯書を見せて相談に乗ってもらいました。

結論としては、「警察は事件にならないと介入できないが、事件を防ぐことも仕事なので、何かあったら110番してほしい」と言われました。

そうこうするうちに、結局この日、布団に入ったのは午前2時ちょっと前。朝は5時頃に目が覚めました。隣室からは、食器を洗うような音が聞こえます。受忍限度というのは人それぞれなのでしょうけれど、ここでは自分の感覚で言わせてもらうしかありません。ただ、食器を洗っているにしては、かなり時間がかかっています。すると、今度は何かを叩くような音が聞こえてきました。

ですが、警察官には「過敏反応は挑発だと思われる」と言われていたので、記録に徹することにしました……。続きは、93ページへ。

前著『助けてクマさん！　賃貸トラブル即応マニュアル』発刊から、早いもので8年が経とうとしています。その間、私は賃貸管理の最前線から、売買仲介、資産活用を兼務する管理部長となったのですが、クレーム対応が減ったわけではなく、むしろ、より深刻な案件を引き受けるようになりました。また、ここ数年間で、時代も大きく変わり、管理会社が請け負う業務も拡大してきたのを感じています。そんな中、第二弾とも呼べる本書執筆の話をいただいたわけです。

前著でも述べていますが、管理の仕事をしていると、さまざまな人たちとの関わりができてきます。人を相手にする仕事ですので、当然のことではありますが、優しい人や物分かりのよい人ばかりではありません。ですから、自分がいくら丁寧に対応したと思っていても、理不尽な思いをすることもあるのです。

そんな時は、自分の信念を曲げないことも大切ですが、くだらないことで意地を張るのは時間のむだです。割り切ることや、気にしないこともこの仕事を続けるうえでのテクニックです。私の場合は、平成17年から継続しているブログを書くことが、いつのまにか自分を鍛えることになっていました。ただ、そうはいっても実際にトラブルを抱えている最中は辛いものです。冒頭にご紹介した案件もまた、けっこうなものでした。また、誰もがブログを書きたいわけでもないでしょう。

そこで、本書では、現場での経験をふまえ、極力わかりやすく解説して初心者の方でも理解しやすいよう心がけて書き上げました。また、数々の法律的トラブルの話も出てきますが、さまざまな解釈があると思いますので、具体的な案件が発生した際には、ぜひとも弁護士の先生等の専門家に確認していただくようお願い申し上げます。そのためにも、日頃から専門家と連携した対処を行っていただくことを推奨いたします。

本書が賃貸物件オーナーの方、管理会社の担当者の方、そして実際に賃貸物件で暮らしている入居者の方の一助となる情報を提供できれば幸いです。

平成30年2月
熊切　伸英

目次

はじめに……i

序章　賃貸管理業界の流れ……1

民法改正について……2
賃借人による「修繕する権利」が明文化／原状回復について／敷金について／保証債務についての改正
クマ的民泊の見方……13

第1章　賃貸管理会社のお仕事アレコレ……17

賃貸管理会社って何しているの？……18
賃貸管理から派生する仕事
基礎となる考え方……22
賃貸管理会社はアピール不足……25
スタッフのメンタル改善……28

空き家が増える時代に……32
相続・承継対策も必要……36

第2章 トラブル対応の基本テクニック……43

サービスリクエストとは……44
一次対応の重要性……47
クレーマーと決めつける前に……50
イライラさせる受け手の態度や雰囲気／相手をイライラさせないための注意事項
理屈・法律を前提に感情に配慮する……55

第3章 クマ流トラブル別対処法……59

賃貸トラブルの種類……60
物的トラブル／人的トラブル／生き物系トラブル／自己原因トラブル
物的トラブル対応テクニック……66
ケース1　雨漏りの場合……67
ケース2　排水管不良の場合……72

トイレの詰まり対応／雑排水の詰まり対応
ケース3　給水・給湯管不良（ピンホール漏水）の場合……77
保険対応についての注意
ケース4　入居者の過失の場合……82
ケース5　その他……83
人的トラブル対応テクニック……85
ケース1　騒音は常にトラブルの元……86
許容範囲だと思ったら／うるさいと思ったら
ケース2　根が深いゴミトラブル……112
未分別ゴミに対する対処法
ケース3　最強の汚部屋トラブル……124
汚部屋入居者の特徴
ケース4　バトルは続くよ滞納トラブル……132
自力救済には要注意
生き物系トラブル……142
自己原因トラブル……150

第4章　クマ流重たいトラブルの対処法……155

ネチネチ・恫喝系な人たち……156

反社会的な人たち……168
威嚇タイプ／ストレス解消タイプ／金銭要求タイプ／話が通じないタイプ
人命優先の安否確認……178
心理的瑕疵対応の難しさ……183
心理的瑕疵の問題点／原状回復に関する参考例
第5章 トラブル解決の達人になるためには……195
賃貸管理会社の役割と専門家との連携……196
トラブル解決の身近な存在として……199
将来有望な調整業務……203
心を鍛える……207
あとがき……212

DTP　小林麻実（TYPEFACE）
本文イラスト　坂木浩子

序章

賃貸管理業界の流れ

賃貸管理あるある

この仕事をしていると、同業者の間で「あるある」と言われる現象が発生します。なぜ共通なのか不思議ですが、もしかすると何か法則があるのかもしれません。

・滞納者宅には独特の臭いがあり解約時には小銭がたくさん落ちている
・滞納の言い訳には定型文がある（落とした / 持ち逃げ / 親が危篤）
・方位を気にするお客さんは成約しにくい
・汚部屋入居者は引っ越せないので長く住んでいることが多い
・安否確認の９割は問題がない
・電話で強く苦情を言う相手は会ってみるとおとなしい
・立つ学生跡を濁す（解約時のゴミ置場に大量残置物）
・なぜか虫や動物が大量に寄ってくる物件がある
・水のトラブルはなぜか土日祝日に起こる
・エアコンのフィルターを一度も清掃しない入居者がいる
・修理訪問すると必ず追加が出る

民法改正について

前著『助けてクマさん！　賃貸トラブル即応マニュアル』の原稿を書いていた平成22年は、賃貸住宅居住安定化法案が国会に提出されていた時期でした。

この法案は、「賃料を払わない滞納者に督促する際に、嫌な思いをさせると、威迫《いはく》していることになる」など、どちらかというと滞納者を保護するような傾向のものでした。管理会社から見ると実に腹の立つ内容でしたので、結果的に廃案になってよかったと思います。しかし、賃貸物件に関して言えば、「大家さん＝強者」「借主＝弱者」という見方は、8年経とうとする今でも変わっていません。

特に、開き直って「無いのだからしょうがない」などと悪態をつく滞納者の場合でも、明渡訴訟の手続等を行わないと追い出しができないのが現実です。

「訴訟の費用は被告の負担とする」と、判決文に書かれていても、結局は無い人からは取れないですし、明け渡しの強制執行を行うことになった場合は、滞納金以上の費用がかかったりもします。

どうみても、悪いのは滞納者だと思いますので、法律を変えるなら悪質な滞納者の追い出しを簡単にできるようにしていただきたいというのが本音ですが、なかなか難しいのでしょう。

そして、平成29年6月には民法の一部を改正する法律が公布されました。民法自体、約120年ぶりの抜本的見直しになったのですが、明治時代から使っていたなんてすごいですね。

これは、平成32年4月1日に施行されることになっており、今回の改正では、賃貸管理の仕事に関係する条項がたくさんあります。特に絡むところは、修繕、原状回復と敷金、保証債務についてだと思います。

▼賃借人による「修繕する権利」が明文化

ここから先は、本当は奥深い話なのですが、難しい話としてではなく、極力わかりやすく書かせていただきます。

改正される民法に、（賃借人による修繕）という条項が加えられました。

第607条の2　賃借物の修繕が必要である場合において、次に掲げるときは、賃借人は、その修繕をすることができる。

1　賃借人が賃貸人に修繕が必要である旨を通知し、又は賃貸人がその旨を知ったにもかかわらず、賃貸人が相当の期間内に必要な修繕をしないとき。

2　急迫の事情があるとき。

このような話は、あまりにも修理が遅い場合などに、借主側から「直してくれないなら自分で業者を呼ぶから！」と宣言されてしまうという場面が想定されます。賃貸人側が費用を負担する場面では、「もっと安い業者はないのか探している」という理由が多いため、さらに修理が遅れてしまう原因にもなり、間に挟まれる管理会社としても困ってしまいます。こうして民法に明文化されたことで、強気に出る賃借人も増えるのではないでしょうか。

二つ前の条文では、

第６０６条
1　賃貸人は、賃貸物の使用及び収益に必要な修繕をする義務を負う。
2　賃貸人が賃貸物の保存に必要な行為をしようとするときは、賃借人は、これを拒むことができない。

と、規定されており、今回の民法改正で、「ただし、賃借人の責めに帰すべき事由によってその修繕が必要となったときは、この限りでない。」というただし書きが追加されていることからもわかるとおり、「賃借人側の故意過失がある場合には、賃貸人が修繕義務を負わない」という意味が明確になりました。この「賃借人の責めに帰すべき事由」や「相当の期間内に修繕をしない」というあたりが、具体的ではないですが、間に入る管理会社の立場としては、穏便におさめたいところです。当然ですが、家賃をいただいて貸している以上、修理するべきものをしないと賃借人の生活に支障をきたし、不満を持たれるということにもつながります。

下記に、公益財団法人日本賃貸住宅管理協会が作成したガイドラインを掲載いたします。このガイドラインは、入居者にとって通常あるべき設備が使用できなくなったことで、生活に支障が出た場合に賃料を減額する目安を表したものです。

ガイドラインは法律と違って強制力はありませんが、こうした事態が起きた場合の一つの目安として参考にする分には役立つ資料となります。ですが、そのようなことにならないよう、調整業務を行うのが管理会社の役割かと思いますので、上手に対応したいものです。

図1　賃貸住宅における設備等不具合における賃料減額ガイドライン

状況	賃料減額割合（月額）	免責日数
トイレが使えない	30%	1日
風呂が使えない	10%	3日
水が出ない	30%	2日
エアコンが作動しない	5000円	3日
電気が使えない	30%	2日
テレビ等通信設備が使えない	10%	3日
ガスが使えない	10%	3日
雨漏りによる利用制限	5～50%	7日

出典：（公財）日本賃貸住宅管理協会

▼原状回復について

数十年前まで世の中に出回っていた昔ながらの賃貸借契約書には、原状回復について「退去時には室内を原状に復すること」とだけ、原状回復条項が書かれていました。ですから、そんな契約書の条文を根拠に「クロスを張り替えろ」や「新品同様にして返却するのが借主の義務だ」という超貸主有利な解釈がまかり通っていました。

当然ながら、借主側の敷金返還請求等が多発したため、平成10年には、国土交通省により「原状回復をめぐるトラブルとガイドライン」が発表されました。管理会社としては、このガイドラインを貸主側に説明する際の拠り所にしていたわけですが、当初は「借主に有利すぎるだろ！」と多くの大家さんに反発されたものです。

解約立会いがあるたびに、リフォーム費用の貸主・借主の負担割合理由の根拠としてこのガイドラインを利用していましたが、平成16年と平成23年に裁判事例やQ＆Aの追加等が行われ、さらに浸透が図られたことで最近は、ほとんどの大家さんに考えが浸透しているものと実感しています。そうなると、解約立会いをする立場の管理会社としては、大変助かるのですが、大前提としては事前に、借主側に負担する事項を理解してもらうことが重要となってきます。

特に、実務上ではほとんどの場合、賃借人が負担する事項としてハウスクリーニングや畳の表替えを賃貸借契約書の特約事項に入れている状態です。

こうした特約の有効性を争った判例に基づく事項も、ガイドラインに記載があります。

【賃借人に特別の負担を課す特約の要件】

① 特約の必要性があり、かつ、暴利的でないなどの客観的、合理的理由が存在すること。
② 賃借人が、特約によって通常の原状回復義務を超えた修繕等の義務を負うことについて、認識していること。
③ 賃借人が特約による義務負担の意思表示をしていること。

これらが基本なのですが、徹底するために参考になるのが「東京ルール」です。「東京ルール」とは、平成16年に施行された東京都の「賃貸住宅紛争防止条例」のことですが、基本的には裁判事例を元に作成されている国土交通省のガイドラインと同様のイメージです。しかし、条例なので、説明しなかった場合に勧告や業者名の公表が規定されています。つまり、借主に「一般原則とは異なる特約により、借主が退去時に費用を負担する」という内容を認識したことを書面で説明し、借主が理解したと署名することで有効な特約であるとするものです。トラブルを防止するためには、ここまでするのが妥当なのです。

そんな中、改正後の民法では第621条に原状回復義務に関する規定が明文化されました。

【賃借人の原状回復義務】

第621条　賃借人は、賃借物を受け取った後にこれに生じた損傷（通常の使用及び収益によって生じた賃借物の損耗並びに賃借物の経年変化を除く。以下この条において同じ。）がある場合において、賃貸借が終了したときは、その損傷を原状に復する義務を負う。ただし、その損傷が賃借人の責めに帰することができない事由によるものであるときは、この限りでない。

簡単に言うと、「通常の使用方法で生じた損耗や経年変化、賃借人の責めに帰することができない事由による損傷は賃借人の原状回復義務がない」という内容です。逆を言えば、通常ではない使用方法や経年の劣化では発生しない損耗、故意・過失での損傷は、原状回復義務を負うということです。

この大原則に、前記の特約で取り決めた内容が賃借人の原状回復項目となります。

実務を行っている管理会社としては常識的な話に感じますが、「よほどのことがない限り原状回復義務を負うことがない」と主張される借主が増えそうな予感がします。

今までは、明記が無いのであいまいな状態でしたが、こうやって民法に明記されたことにより、今まで以上に理解の徹底が図られることになるでしょう。

▼敷金について

地域によって扱いが違う部分もありますが、敷金とは、基本的には賃貸借契約の期間中に発生する債務を担保するための預かり金です。賃貸管理の実務の上では基本中の基本ですが、これまでは法律で明文化されていませんでした。

民法改正にあたり民法第622条の2に記載されました。

第622条の2　賃貸人は、敷金（いかなる名目によるかを問わず、賃料債務その他の賃貸借に基づいて生ずる賃借人の賃貸人に対する金銭の給付を目的とする債務を担保する目的で、賃借人が賃貸人に交付する金銭をいう。以下この条において同じ。）を受け取っている場合において、次に掲げるときは、賃借人に対し、その受け取った敷金の額から賃貸借に基づいて生じた賃借人の賃貸人に対する金銭の給付を目的とする債務の額を控除した残額を返還しなければならない。

一　賃貸借が終了し、かつ、賃貸物の返還を受けたとき。

二　賃借人が適法に賃借権を譲り渡したとき。

2　賃貸人は、賃借人が賃貸借に基づいて生じた金銭の給付を目的とする債務を履行しないときは、敷金をその債務の弁済に充てることができる。この場合において、賃借人は、賃貸人に対し、敷金をその債務の弁済に充てることを請求することができない。

と、あります。

こうしたことは、これまで実務の世界では当然のことでした。しかし、過去にトラブルがあったことで、明確に規定されたのだと思います。

▼保証債務についての改正

私が一番進化したと感じたのは、「個人根保証契約」（第465条の2）の条項です。

賃貸借契約では、個人の連帯保証人か保証会社を立ててもらうのが一般的なのですが、借主本人が開き直って滞納状態で居座ってしまうと、滞納している借主本人が建物を明け渡すまで、保証人が滞納金を払わなければいけないことになります。通常は数カ月も滞納が続けば借主も退去に向けて行動するものですが、悪質な滞納者の場合はズルズルと居住を続けます。

借主本人が賃貸借契約期間中に発生させた貸主に対する債務を無制限に保証しなくてはならないのが、現在の保証の仕組みですが、改正される民法では、個人の保証契約には「極度額《きょくどがく》」をつけることになりました。簡単に言えば、例えば「300万円等と限度額を定めて」保証してもらう仕組みです。

現在は、保証会社はたくさんありますが、保証料が発生するので、親や兄弟が保証人になるなら「費用が浮いて助かる」というのが、個人の保証人を立てる理由だと思います。貸す側からすれば、しっかりした保証人がついているのだから、いざという時に安心だと考えているわけなので、極度額が仮に10万円だと言われてしまったら、まったく安心ができず、極度額を高く設定するはずです。保証人としても、５万円の家賃の保証人だからと軽く考えていたのに、極度額が３００万円と聞かされたら、保証人など引き受けようとは考えなくなるはずです。

いくらでも保証できる保証人なんて滅多にいないわけですから、現在の制度が変わることは大歓迎です。自分としては個人の保証人制度はなくし、保証会社の保証にしたほうがよいと思っています。

保証人を頼まれた際、依頼者から謝礼をもらっている人はほぼいないでしょう。賃貸借契約で個人の保証人を引き受ける理由は「義理」以外にないのだと思います。自分は過去に一度だけ弟の賃貸借契約の連帯保証人になりましたが、当然のことながら、特に謝礼などは要求しませんでした。今では、保証会社が肩代わりしてくれる時代です。個人保証なんて頼まず、保証会社を利用したほうが「義理」を大切にしていることになるかもしれません。

実際には、軽く考えて引き受けるのかもしれませんが、保証人というのは、もし借主本人の資力がなくなったり、行方不明になったりした場合には、建物の明渡しを終えて原状回復費用を精算するまでのお金を払い続けなければならない立場なのです。そういうことは法律上、当然の仕組みなので貸主としても管理会社としても、強く保証人を責めることになります。そのときになってはじめて、保証人がどういうものなのか理解するのは、残念な話だと思います。

せめて義務教育の社会科で教えればよいと思いますが、世の中の仕組みとしては、法律を知らないからといって免責されるわけではないため、こういうことは、すべて自己責任だということになります。

もっとも、民法が改正されたからといって以前に締結された保証契約がなくなるわけではありませんし、現在の仕組みで締結した契約がたくさんありますので、移行期のゴタゴタを乗り越えて新制度に移行するには相当な時間がかかると思います。そういうわけで、しばらくは、古い仕組みでの物語が続きます……。

クマ的民泊の見方

「クマさんは民泊に興味ないの？」

と、たまに聞かれることがあります。

少し前に、「片言の日本語しかできない外国人留学生5人を1カ月間だけ宿泊できる物件を探してほしい。予算は20万円」という依頼を受けたことがありました。その時は、自社の管理物件では無理なので、民泊施設を探しました。結局、留学生の都合で実現しませんでしたが、ホテルより割安に宿泊できるという「民泊」はよいと思いました。ただ、運営するのは簡単ではないだろうと想像しています。

というのは、10年くらい前に6カ月ほど、ウィークリー・マンスリー物件の運営会社でオペレーションの経験を積ませていただいたことがあったのですが、借上交渉・募集・室内清掃・シーツ張り・設備故障対応・滞納督促……など、やることがたくさん。さらに、部屋のセットアップを大急ぎでして稼働率をよくするなど、ホテル並みの対応をしていました。

正直言って、運転免許証のコピーと前払いの現金があれば誰でも入居できるわけですから、よほどひどい人でなければ、審査で落とされることはありません。おかげさまで実に多くの事例を経験させてもらい、格段に自分の賃貸管理能力が向上したのではないかと思っています。

だからこそです。「ウィークリーでもマンスリーでも大変なのに、民泊なんてホテル経営と同じで、さらに大変でしょ？」というのが自分の考えです。

ホテルのほうは、親しい地主さんが休憩のできるホテルを経営しているのを身近に見ていますので、物的トラブルも人的トラブルも賃貸物件以上に大変そうなイメージしかありません。

それでも、ノウハウを持って運営できる人なら儲かるのかもしれません。

平成30年6月頃施行の住宅宿泊事業法（民泊新法）では、都道府県に届け出をすることで、

年間180日（条例により異なる場合があります）まで民泊施設の運営が可能になる予定です。

こうした法律に則って適法に運営することが大前提ですが、一部には賃貸物件を無断で転貸する行為があると聞いています。そんなことは、管理会社として絶対に許せません。賃貸物件の場合は貸主の許可をもらうのが大原則ですし、分譲マンションであれば、管理組合で禁止されているなら、運営を諦めるべきだと思います。旅館業法や消防法等の法律に違反していてグレーだけど、注意されるまで隠れて運営するというのも危険な行為です。

そんなところが自分の考えなので、今は様子見的に横目で見ている状態ですが、賃貸物件のジャンルとして選択肢を増やすことは、これからの時代を生き残るためには必要だと思いますし、管理会社としても、業務の拡大につながるビジネスチャンスの一つである、とは思っています。

今は、民法改正や新しい法律により新たな分野が確立していく時代の変わり目ですので、食わず嫌いをせず、積極的にアンテナを張っていきたいところではあります。

序章のまとめ

☑民法改正により、賃借人による修繕の規定が明文化された。

☑民放改正により、原状回復に関する規定が明文化された。

☑民放改正により、敷金に関する規定が明文化された。

☑民法改正により、個人の保証契約に「極度額」をつけることになった。

☑民泊は、適法に運営することが大前提。

第１章

賃貸管理会社のお仕事アレコレ

アンケートから見る賃貸管理会社の実態

ブログやセミナーを通じて多くの管理会社のスタッフさんと知り合いになりました。

たまたま、自分の場合は、ブログで日常の活動を可視化しているので何をしているのかわかりやすいのですが、世の中の管理会社のスタッフさんには自分の経験など足元にも及ばないと感じるくらい、ハードな体験をされている方もいらっしゃいます。

そんな大変なことがあっても仕事を続けているのですから、やり甲斐を感じているのではないでしょうか。そこで、少し前に、私のブログ「賃貸管理クレーム日記」で、アンケートを取ったことがありました。アンケート内容は下記のとおりです。

1．担当者の意識→第２章扉に掲載
2．辛かった業務→第３章扉に掲載
3．賃貸管理担当者の血液型→第４章扉に掲載
4．大家さんの血液型→第５章扉に掲載

賃貸管理会社って何しているの?

私は、平成8年から賃貸管理の仕事を行っている会社に転職しました。その前は、分譲マンションや一戸建ての販売をしていたので、賃貸管理の仕事は未経験でした。仕事の違いにかなり戸惑いを持ったことを記憶しています。

もう20年以上も前の話ですので、現在と多少状況は違いますが、当時の私が感じた賃貸管理に対するイメージは、売買系のオマケ的な位置付けというものでした。建設会社のグループ会社として賃貸仲介と管理をする会社でしたので、億単位の建築工事を請け負ったり、土地を取得したりするのに苦労した結果、「後はよろしく」的な流れで仕事がまわってくるイメージが強かったのと、売買に比べると安い手数料で細かいことをするものだと思ったからです。

しかも、契約して引き渡しをしてからも「○○が壊れた」「上の人がうるさい」「ゴミが散らかっている」と、休みも関係なく苦情が来ることや、終わりの見えない不安に、仕事を間違ってしまったのだろうかという後悔を感じていました。

正直、賃貸管理という仕事のイメージが悪かったのは間違いないのですが、それ以上に、仕事の安定感や発展性をよく知らなかったのと、苦情処理対応の煩雑さに圧倒されていたのだろうと思います。そのあたりに気がついたのは、ブログを書くようになってしばらく経った平成18年頃だったと思います。

当時、私は賃貸管理の仕事に物足りなさを感じていたため、不動産コンサルティング会社、株式会社シー・エフ・ネッツに転職し、「賃貸管理」ではなく「プロパティマネジメント」とカタカナで呼んでいる世界を経験していました。「プロパティマネジメント」とは、基本である「賃貸管理」を大切にしたうえで、資産運用や経営的な考えを理屈だけでなく、実業として成り立たせたもので、そこでの現場経験が視野を広

図2　業務の流れ

賃貸管理に関係する業務の流れ
①現状分析と提案
・物件購入にあたっての市場調査
・建物チェック
・入居者内容・入金状況チェック（中古）
・企画・改善提案
②入居者募集
・広告・図面作成・ネット登録・情報誌登録
・業者訪問
・現地セットアップ
・入居審査・賃貸借契約
③入居中対応
・管理変更（中古）
・入居者リクエスト対応
・更新業務
④解約業務
・立会精算業務
・原状回復・リフォーム
・バリューアップ
・リノベーション（大規模な用途・性能改善）

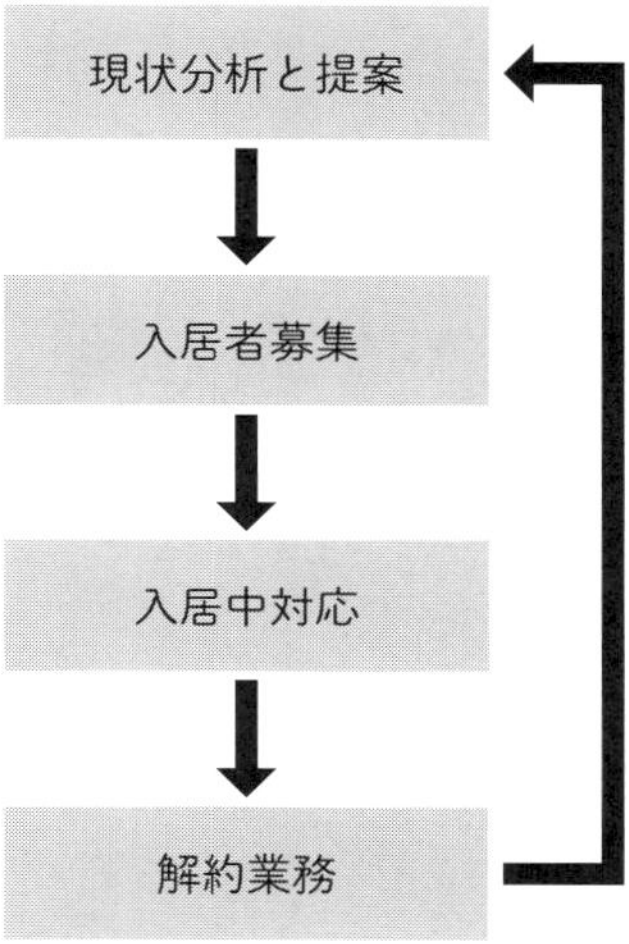

げたのでした。仕事内容は奥深いものですが、あえてひと言で表せば、「現状分析」と「改善提案」を繰り返して物件価値の最大化を実現することと言えます。

現在の私は、さらに業務を拡大し、「賃貸管理」業務でつながりを深めた地主さんの「売却業務」や「資産活用業務」を行っています。また、大家さんや地主さんの高齢化に伴い、相続を含めた次世代への賃貸経営の承継に関しても、これからの時代、大切な仕事だと強く感じています。以前は、これらの分野は派生業務だと思っていましたが、本当は一体化していたのだと最近になってようやく気がつきました。

▼賃貸管理から派生する仕事

賃貸管理の仕事は、「入居者を募集して仲介して管理する」ことだと世の中の人は思っているのではないかと思います。

ビジネス的には、火災保険の紹介やメンテナンス業務、リフォームなど、オプションの仕事はいろいろありますが、その業務に特化していなければ、収益の柱とはなりません。ですから、毎月の管理手数料をいただくために客付けを頑張り、入居者が長く住みたくなるような環境を提供することが筋なのだと思っています。しかし、それだけではもったいない話で、付き合いが深くなってくるとさまざまな派生業務が見えてきます。

例えば、入居者が「家を買いたい」となった際、一番身近な不動産会社として仲介や建築受注をする窓口になれます。もっとも、管理会社が積極的に入居者に物件購入を勧めると空室を増やすだけですので、あくまでも解約の引き止めが原則です。ただし、依頼された場合は、売買物件や注文建築の紹介をさせていただきます。物件オーナーに対しても、大規模なリフォームや建て替え、物件を売りたい・買いたいという相談が、相続を見据えた資産活用提案などに発展していく場合が多いです。

簡単に書いていますが、一朝一夕にできるようなものではなく、日頃からの真摯な対応と、なんでも話せる人間関係の構築が絶対必要条件となります。

図3　派生する業務

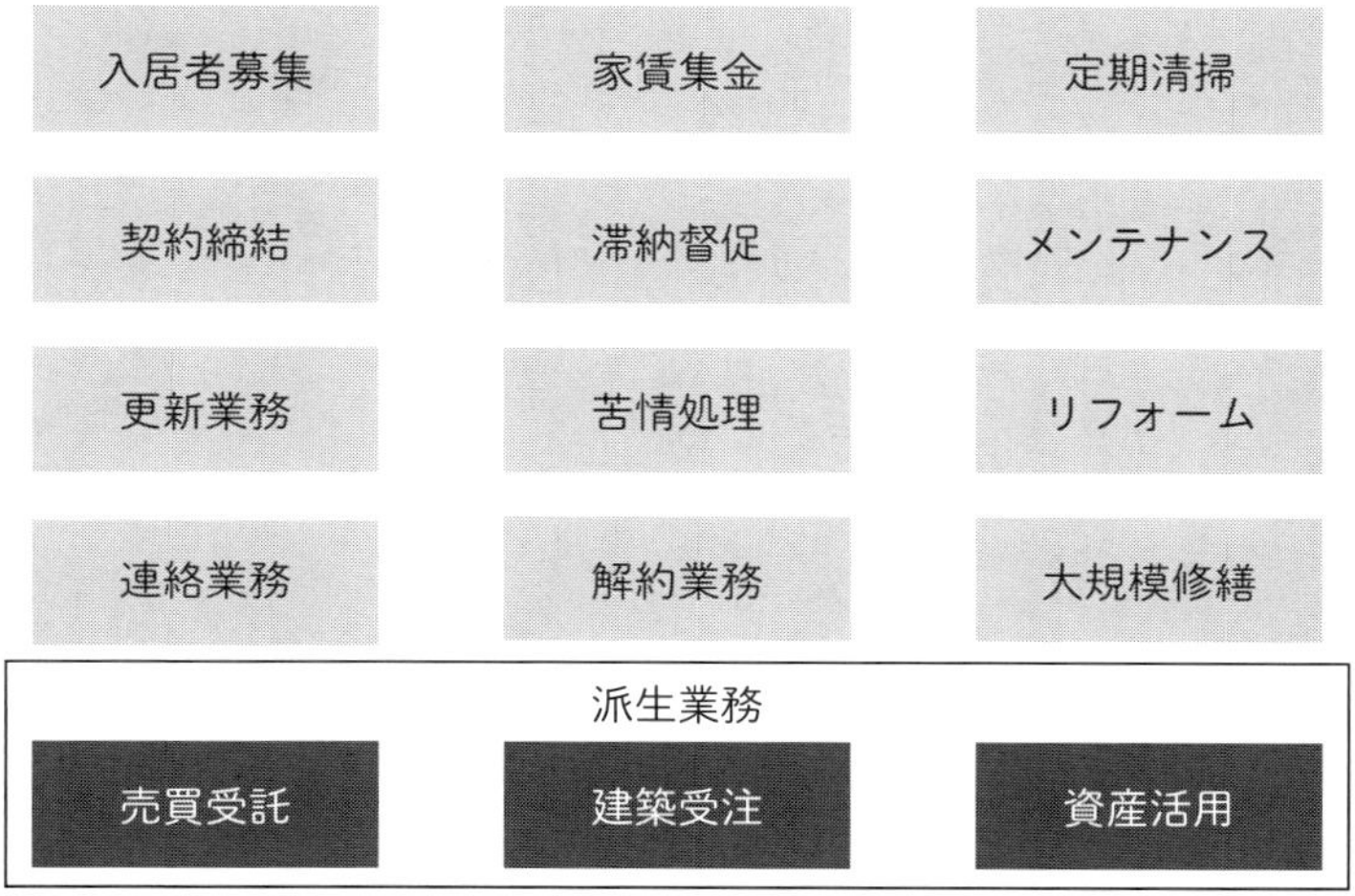

基礎となる考え方

大家さんが考える心配事の上位は「空室発生」ではないでしょうか。ですから、初対面の大家さんから「他社で客付けできない長期空室を埋めてくれたら、管理を任せるよ」なんて言われることもけっこうあります。私は、都会より空室率の高い地域で活動しているので、特に強く感じます。

借主がいなければ家賃収入が得られないのですから当然の話です。

空室対策にはお金がかかるものなので、「(客付けを)決めてくれるなら、リフォームもやるよ」や、「(客付けを)決めてくれるなら、広告費を3カ月払うよ」など、大家さんとしても必死です。神経をすり減らした戦いとなり、その甲斐あって入居が決まった後は「戦いが終わった」気分にもなるでしょう。しかし、「戦いが終わった」と感じることは、もっともですが、あまり強く思いすぎないのが賢明です。

なぜなら、空室対策が終わった後、今度は「長く住んでいただく戦い」が始まると考え、退去されないようにすることが大切だからです。

例えば、意外と気付かないことが多いかもしれませんが、「業者に広告料を多く払った」「敷金・礼金等の初期費用がかからないようにした」「家賃発生の開始日を遅らせてあげた」などという入居者に条件を譲歩した形での空室対策は、軽く入居できた分、「物件が気に入っていないけど借りた」といった入居者が増えるものです。もちろん、決まらないよりはマシな対策なのですが、できれば、居住にあたっては、快適度を上げるリフォーム費用を出すなど、満足度を上げることが大切になってきます。

このように、入居者に長く住んでもらう考え方を「テナントリテンション」と言います。賃貸経営においては、「空室対策」と「テナントリテンション」は、車の両輪のような関係であり、片方だけに重点を置くと上手くいかない原因となります。

聞きなれない言葉だと思いますが、テナントリテンションとは、テナント（入居者）をリテンション（保持）することを意味する言葉です。

せっかく入居してくれたのに、「物件が汚い」「騒音トラブル」「不良入居者がいる」「管理会社や大家さんの対応が悪い」といった理由で退去されることを防ぎ、不満を取り除くことが、テナントリテンションの考え方で、物的・人的な理由で「引っ越したくなる」状況を作らない対策であると言えます。

そのためには、入居者の声に謙虚に耳を傾け、小さな不満を大きくしないようにすることが大切です。毎日物件に住んで生活をしている入居者は、ある意味、物件に一番詳しいわけです。そうした一番詳しい人からの苦情を改善し、要望に対処することこそ、物件の価値を最大化するヒントとなります。例えば苦情に対応するだけでなく、エントランスを明るくしたりツリーを飾ったりすることも、価値を上げることにつながります。

ひと昔前の「賃貸管理」の感覚から経営的思考を追加した「プロパティーマネジメント」の仕事をするためには、テナントリテンションが大切な考え方となっているのです。

図4　テナントリテンション

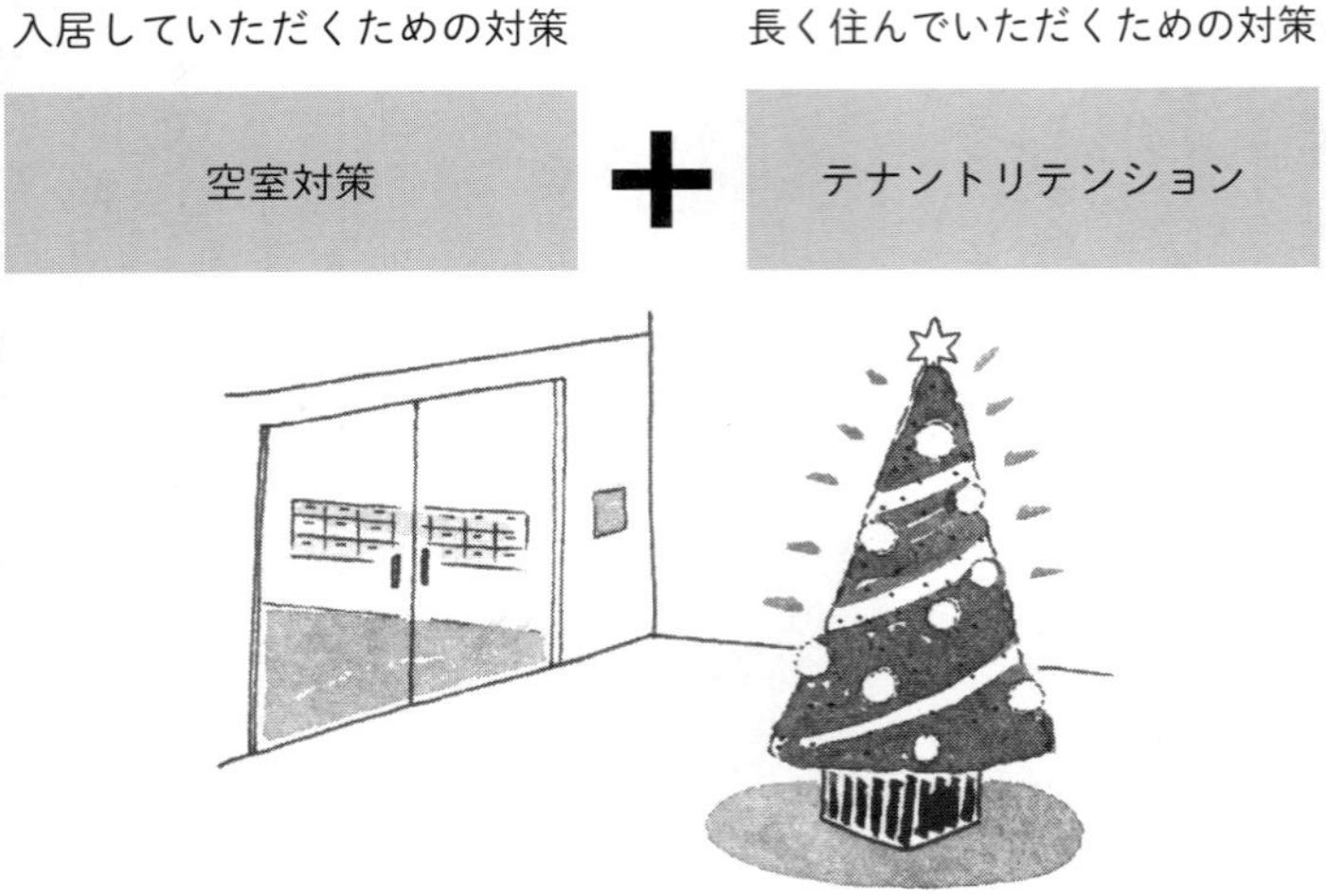

賃貸管理会社はアピール不足

・「24時間365日、気が休まらない」
・「入居者対応だけでなく大家さんとも調整が必要」
・「トラブルを解決しても普通に戻っただけ」

1年中神経をすり減らして物的にも人的にも対応しているのに、縁の下の力持ち的な存在か、活動の実態すら把握されない存在。私が今まで接してきた管理担当者のイメージは、「目立たない」「おとなしい」「まじめ」といったものです。

「直しておきました」「解決しました」と、大したことなどしていないように、謙虚でいるほうが美徳に感じるかもしれませんが、裏を返せば「アピール不足」かもしれません。「トラブルが発生したので、解決しました！」では、「通常」→「異常発生」→「解決」→「通常」と、報告を受けた大家さんは、「問題が起きたが解決した」＝「問題が起きたが通常に戻った」程度の認識と、問題解決のためにかかった費用の支払いだけが頭に残ることになります。

これが、「通常」→「異常発生」→「対応内容報告」→「解決」→「通常」と、報告に力を入れることで、対応したことへのイメージが大きく変わるのです。

例えば、「写真」・「動画」等をタブレットで見せると大家さんも一緒に修理した気になりますし、不良入居者と対決した際には、エキサイトしている場面の録音を聞いてもらえば、リアルに現場の最前線を感じてもらうこともできます。

そんな感じに、私の場合は単純に結果だけを報告するのではなく、そこに、裏側の「ストーリー」をつけ加えることによって、活動をアピールします。そのためには、写真撮影や録音等で記録することが大切になりますが、「記録する」「まとめる」「アピールする」は、ブログを書くことで身についた習慣が大いに役に立っているのです。

図5　アピール不足には記録が大切

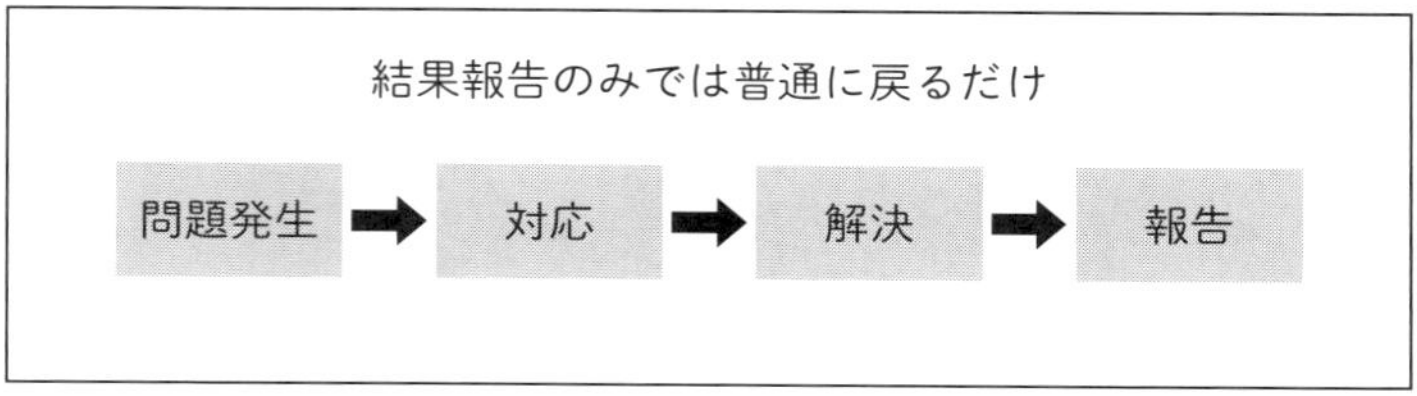

問題が発生して「直しておきました」程度の報告では何が起きたか気にもされない。

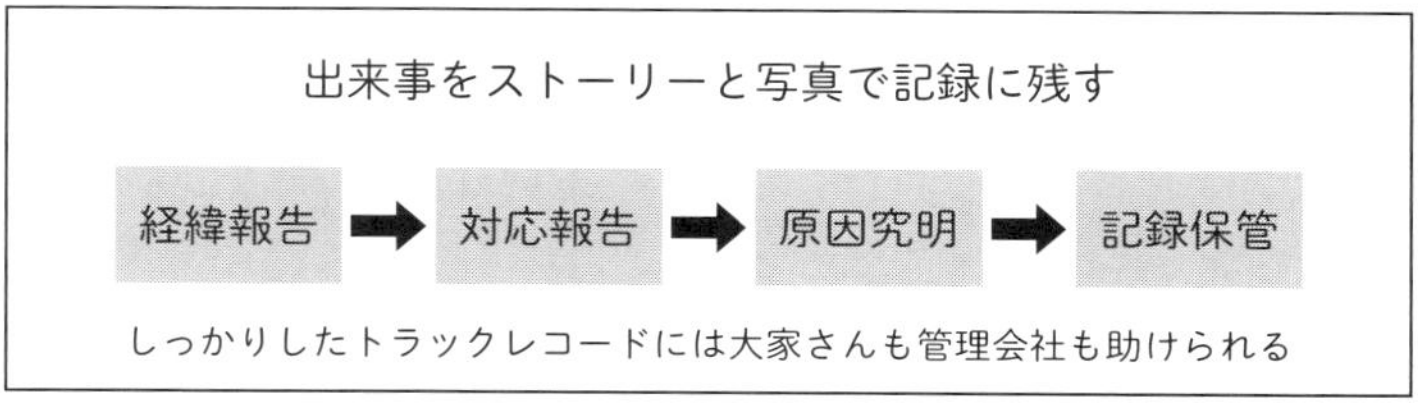

問題発生段階からの詳細な経緯報告、どのような対応をしたかを「写真」「動画」等で解説し、管理会社・大家さん双方で記録を保管する。

スタッフのメンタル改善

賃貸管理の仕事は、ストレスがたまることが多いものです。賃貸管理の仕事に限らず、どんな仕事でも辛さはあるでしょうし、もちろん、仕事をしていなくても辛いことはあるはずです。仕事が順調でも、プライベートがボロボロな時もあるのですから、単なる職種の問題ではないのかもしれません。

ただ、そうは言っても、賃貸管理の仕事は、トラブル対応が基本業務ですし、毎日突発的に「問題を出されては、答えを求められる」の繰り返しです。

私は、28歳で分譲物件の販売会社から、今のベルデホーム株式会社に転職しました。ですから、賃貸管理業歴はかれこれ20年以上なので、慣れたような気もしますが、それでもストレスはあります。もっとも、「何が起きても人生のスパイス」だと考えるようになってからは、トラブル対処にやり甲斐を感じるようになったと思っていますが、やはり、ストレスを感じるのは「突発的」だという部分が大きいでしょう。

基本的に、現在の職場では、休日や営業時間外の緊急連絡は外部のコールセンターに委託しています。コールセンターで緊急性が低いと判断されれば、受け付けして翌営業日に対応するのですが、緊急性が高いと判断されると、担当者の携帯に直接、報告電話がかかってくる仕組みです。つまり、別の言い方をすると、重たい案件だけ私に連絡がくる仕組みなわけです。

また、物的トラブルや人的トラブルの進行中案件は、携帯番号をトラブル相手に伝える場合が多く、コールセンターのフィルターを通さない「直電」がかかってきます。夜中に起こされたり、旅行に行ったりしているときに電話がかかってくると、「何でこのタイミングなんだ」と思わずにいられません。また、この思いがストレスの正体かもしれません。

さらに、現地対応すれば終わりではなく、大家さん、業者、近隣居住者を含めた人たちとの折衝や、事務処理が必ず付随するので、そのことが忙しい時期をさらに忙しくさせる原因にもなるのです。そんなことは、よくわかっているつもりなのですが、少し前に管理課の新人君にこう言われてしまいました。

新人君「緊急連絡センターの受付け窓口、1年間自分が1番順位だったので変えてもらえませんか?」

クマ「もう1年経ったんだ。そんなに電話かかってこなかっただろ?」

新人君「そうですか? けっこうありましたよ」

クマ「一昔前に比べたら大した件数じゃないよ」

新人君「1番順位はストレスがはんぱじゃなく、休んだ気がしなくて辛いんです」

「それが勉強になって成長につながるんだ」と、言ってはみましたが、何だか本当に辛そうだし、こういう精神論的なことを強制すると、ブラック企業だと言われてしまう時代なのでしょうから、交代制に仕組みを変えてみました。月単位で1番順位・2番順位・3番順位を設定して、毎月順位を繰り上げていきます。

当然ながら、1番の月は緊張感を持って夜間や休日を過ごすことになりますが、2番順位の場合は、1番順位のスタッフが風呂に入っていたり、電話中だったりした場合のタイミング以外はかかってきませんし、3番順位ともなると、緊急連絡から解放されたようなものです。このような当番制こそ、管理スタッフのストレス軽減につながるのではないかと考えます。

しかし、自主管理大家さんだったり、独立して管理会社を立ち上げた社長さん等一人の管理会社では、交代制は難しいかと思います。所有戸数や管理戸数が多くなってきたらコールセンターの役割をしてくれる個人や法人と契約するのがよいと思いますが、最近では、入居者の加入している家財共済（または保険）に「緊急連絡サービス」がついていることも多くありますので、そちらも確認するとよいでしょう。

組織が大きければ、管理系のスタッフの中だけで当番制にするのではなく、営業系のスタッフを半年程度の交代制で、研修的スタッフとして一時的に補強するのはどうでしょうか。社内の事情はそれぞれ違うかと思いますが、多くは、売上げに直結する部署に人を多くし、管理系の部署は最低限の人員で何とかするような会社が多いと思います。ですから、管理系は慢性的に人手不足なのではないでしょうか。不動産の売買や賃貸仲介系しか知らないよりは、管理の仕事を経験することで自分自身の経験値UPにもなりますし、スタッフが少ない管理系の部署としても人手があると助かるはずです。

それともう一つ大事なことは、経験したことを必ず担当した本人に記録させることです。資格を取得した場合などは、資格証が手元に残り、名刺にも書いたりできるので、アピールポイントになりますが、自らの経験値やスキルは説明しにくいものですし、コンピューターゲームのようにポイント表示されるものではありません。ですから、せめて自分が経験している期間中は記録を残すように指導するべきです。今は文字だけではなく、持っている携帯電話で写真や動画を撮ることができるのですから、自らの管理業務経験を具体的にまとめることを推奨いたします。

では、どうするのがよいのか？　私のようにブログを書くことをオススメいたします。

空き家が増える時代に

ここ数年特に実感していますが、「誰も住まなくなった実家を売りたい」とか「古貸家の賃貸をやめて処分したい」など、使わなくなった不動産の相談を受けることが増えました。「使わないから貸す」というのが一つの考えですが、貸すにあたってリフォームしたり、入居してからの不具合対処に気を使ったりするのが面倒なので売却を選択する方が多いです。都会と違い、人口が増えない地方で仕事していると、よほど人気のあるエリアでない限りは苦戦します。

しかも更地で売るならスッキリしますが、「建物解体費用はかけたくない」と言われてしまうと、相場の価格から解体費用を引いた金額を想定して割安感を出さないと成約が難しく、時間だけが過ぎていくものです。

先日、私が売却依頼を受けた物件は、某地方のＪＲ駅から徒歩10分の住宅地にある、70坪の土地です。実は、会社から2時間近く離れた遠方地で、自分としては縁もゆかりもない場所でしたので、通常はお断りするエリアなのですが、３年前に会社の近所で一戸建てをご購入いただいた方からの相談でした。

「地元の業者に頼んでいるのですが全然売れないんです」と、売主のご主人に言われてレインズ（業者間の情報サイト）やポータルサイトを見てみましたが、まったく情報が出ていませんでした。地元の業者さんに頼む気がなくなったとのことで、「安くなってもかまわないので引き受けてください」と懇願されてしまい、売却の仲介を引き受けました。そこは、依頼主であるご主人が育った家でした。

「お子さんが建て替えて住まないのですか？」との質問には、「あんな田舎には絶対に住みません」というわけで、不便なうえに人口が減っている地域であるため、売ることしか考えられないとのことでした。

親御さんが10年くらい前まで住んでいたらしいのですが、施設に入った後は誰も住んでいな

雑草に覆われた空き家

玄関の中にまで茂る樹木

い状態が続き、現地確認した際には敷地内に雑草と木が生い茂り、玄関までの通り道を切り開くのに1時間もかかりました。

やはり誰も住まなくなると、建物も傷みが進行するようで、クモの巣だらけで、雨漏りによる天井の落下や床板を突き破って木が生えている状態でした。柱が腐食していますので、やがて崩落する危険性が高いと思われます。

建物があるだけで土地の固定資産税が軽減されることが、老朽化した建物を壊さない理由であったり、解体費用を捻出することができなかったりと、事情はいろいろなのでしょう。今後は行政がいろいろ工夫するような流れだとは思いますが、それ以上に人口が減っていく地域では、空き家の増加傾向は続いていくのではないでしょうか。

畳も傷みがひどい

天井が落ちている

今回引き受けた物件は、倒壊しそうなレベルなため、解体して更地化することを提案しているのですが、「費用が出せない（出したくない）」との理由で難航中です。

私の勤務先では、物件の賃貸・売買の他に、空き家の定期巡回と通風・台風の前後の確認を行う管理メニューを用意しています。まだ利用者は少ないのですが、実家として使っていた家での相続発生で、今後どうするかすぐに決まりそうもない場合に頼まれている感じです。「自分で使う」「貸す」「売る」が出来ない不動産は、活用方法が決まるまでの間、「空き家の定期巡回サービス」を利用していただくのが一番です。

【空き家の定期巡回サービスメニュー】

・月額5000円＋消費税（エリア制限あり）。
・週1回、窓開け2～3時間の風通しをすること。
・週1回、駐車場や玄関回りの掃き掃除をすること。
・空室作業内容を写真撮影して、メールで状況報告をすること。
・除草や剪定《せんてい》は本契約に含まないが、庭の状況により別途契約にて定期契約あり。

相続・承継対策も必要

「アパート経営なんてやりたくない」

と、不動産投資家から見たら驚くような考えを持つ方が意外にいるものです。

しかも、親が所有していた物件を相続で手に入れたうえ、ローンもないなど、うらやましいケースもかなりあります。そういう場合、「売ってほしい」と頼まれて売ることになったり、いきなり相続人の知り合いの不動産会社に管理替えされてしまったりすることがあるものです。

かなりの確率で、「うちの親父はアパートで苦労していたから、そんな苦労したくないんだ」という方は「不動産屋嫌い」で、「俺はだまされないぞ」と警戒したり、けんか腰で冷たくされたりすることもあります。そうなってしまう原因は、前所有者である親がすべてを仕切って賃貸経営の窓口になっていたケースで、「大変なんだ」「儲からない」「修理代が……」など、マイナスなイメージだけをアピールして亡くなってしまったことにあるように感じます。

「やがては子どもに賃貸経営を引き継ごう」と考えていたとしても、人の寿命などわからないのですから、少なくとも生前、「なぜ賃貸経営をしているのか」や、「賃貸経営のメリット」について親子で話し合っておくべきだったのではないかと思います。

これは、地主や元農家のオーナーに多く、子どもが家業を継がずにサラリーマンや公務員になったことで、「子どもには迷惑をかけない」という親心から、面倒事をすべて親が抱えていたからだともいえます。

そういう背景から、今後は、元気なうちに賃貸事業の承継を円滑に行う「承継対策」が、これまで不動産業界で行われてきた「相続対策」に並ぶ重要な対策となるでしょう。管理会社としても、やがて来る世代交代の時になるべく混乱を避けたいですし、わだかまりがあるなら、親御さんが生きていらっしゃるうちに、解決しておいて損はありません。

そのあたりは、われわれ管理会社がお手伝いできそうです。例えば、私がここ最近新たに物件を取得したり、長期にわたるテナント契約を締結する際には、息子さんや娘さんにも同席をお願いし、契約前の打ち合わせを行って「今回の契約の趣旨」から「どんな仕組みで利益が上がるのか」までをわかりやすくまとめて説明しています。

息子さん、娘さんとは、その時が初顔合わせというのが多いのですが、不動産に悪いイメージを持っている場合には、いろいろと質問が出てくるもので、そういう場合は、必ず「リスク」についても隠さず説明します。リスクがまったくないということはあり得ませんので、契約に反対されることも、もちろんあります。そんな時は、親子間で話し合うよい機会だと思うので、さらなるわだかまりが発生しないよう、徹底的に付き合います。

「親父の考えはわかったよ」となるか、「俺は反対だ！」となって契約しなくなるのかはわかりませんが、賛成または納得してもらえれば、相続が発生したときに「あとは引き継ぎます」につながるわけです。

一方で不動産投資家の場合はどうでしょうか。

昨今の不動産投資ブームで、若いサラリーマンが大家さんになることも多くなってきましたが、そうした大家さんだっていつかは、相続をするときが来るのです。

「子どもはまだ幼稚園」や、「自分は独身だ」という方でも、ご自身の寿命が何歳までなんてわからないのですから、少なくとも配偶者・親・

兄弟に賃貸経営の仕組みや、収支の状況を知らせておかないと、せっかく手間をかけて育てた賃貸物件が、彼ら承継者にとっては「売るといくらになるんだろう？」という換金の対象にしか見えなくなる危険性もあります。

恐らくその頃には、団体信用保険でローンが無くなっているでしょうし、アパート経営を継続するのも現金化するのも自由なのですが、せめて思いだけでも伝えておいたほうがよいのではないかと思います。いずれにしても、賃貸管理の仕事は、賃貸経営をする本人だけで完結するお付き合いではなく、いつ到来するかわからない相続を踏まえての承継業務が必須なメニューとなってくるのです。

もう20年くらいお付き合いがある地主さんの話をご紹介します。その方は市内の住宅街にかなりの面積の空き地を所有されていました。

江戸時代から続く家柄なので、過去に何度も相続を繰り返していたはずなのですが、特に相続対策をしている様子がありませんでした。60代のご主人が定年退職された後は、自宅で世間話をすることが多くなり、訪問すると2時間コースになるくらいの仲でしたが、ちょうど相続税の制度が変わる時期に「対策を取ったほうがよいのでは」と進言したところ、「うちは相続対策してるから大丈夫だよ」と言われました。

「具体的に教えてください」と言えればよかったのですが、なんとなく話題をそらす感じだったので「そういう話が嫌いなんだ」と思い、機嫌を損ねないようにしていました。

10年くらい前に奥様がお亡くなりになっていて、最近になって90代のお母様も看取られてからは、広大な自宅の庭木を手入れするのが趣味になっていたようで、木の手入れや果物の栽培等、かなりの運動量で、実に健康的に見えていたのですが、年末の挨拶に訪問した際に、「いろいろありがとう。引き続きよろしく」と、いつになく丁寧に玄関先で深々と頭を下げて私を見送ってくれたのが印象的でした。そして、年明けに出社したところ「ご主人が年末に亡くなった」と訃報を聞き、ものすごくショックを受けました。

私が挨拶訪問した数日後に心筋梗塞で亡くなったそうです……。

一番ショックだったのは残された二人の息子さんたち（30代・20代）です。健康だと思っていたのに突然の死は悲しすぎます。お二人は気丈に振る舞っていらっしゃいましたが、すぐに悲しんでばかりではいられない現実が待っていました。あまり具体的には書けませんが、相続対象の資産が大きすぎて相続税が払えない状態だったのです。息子さんたちは、相続税どころか不動産に関しても、まったく関わりを持っておらず、途方に暮れるばかりでした。

一度、「お父さんは、相続対策してあるって言ってましたけど」と、息子さんたちを探ってみたことがあったのですが、まったくそんな気配はありませんでした。恐らく、亡くなったご主人が言っていたのは、先代からの相続の際にお母様名義の不動産を残さず、自分の名義にしたことを言っていたのでしょう。ご主人自身、まだ60代だから自分の相続対策は先のことだと考えていた可能性が高いと思われます。

何度も、息子さんと打ち合わせた結果、資産税に強い税理士事務所と私との連携で、土地を売却することで乗り切る結論となり、納税までの10カ月の間に対応させていただきました。

そうなると、もしかすると、「相続対策している」と言っていたのは、「税金を払うお金がなければ土地を売れ」ということだったのかもしれないと今では思います。

私としては、土地を失う対策ではなく、マンションでも建てて資産を圧縮するようなアドバイスをしておくべきだったと悔やんだのですが、取り返しがつくことではありません。

「いろいろありがとう。引き続きよろしく」

というご主人の最後の言葉を裏切ることなく、息子さんたちと不動産案件の対応を続けていますが、亡くなってから行うのは相続対策ではなく後処理なのです。

この経験から、仲良くしている年配の地主さんには遠慮せず相続の話をするようになりました。

第1章のまとめ

☑入居者に長く住んでもらう考え方を「テナントリテンション」という。

☑「空室対策」と「テナントリテンション」は賃貸経営の両輪。

☑結果報告のみでは普通に戻るだけなので、そこには記録とストーリーのアピールが必要。

☑記録とストーリーのまとめにはブログがオススメ。

☑空き家対策も大事なお仕事。

☑相続の話は遠慮せずに積極的に行う。

第２章

トラブル対応の基本テクニック

１. 担当者の意識

（回答 131件）

約65％の方がやり甲斐を感じていて、約23％の方が長く続けたくないと答えています。

意外と前向きな方が多かったのですが、よく考えたら自分のブログの読者さんなので元々意識が高かったのかもしれません（笑）。

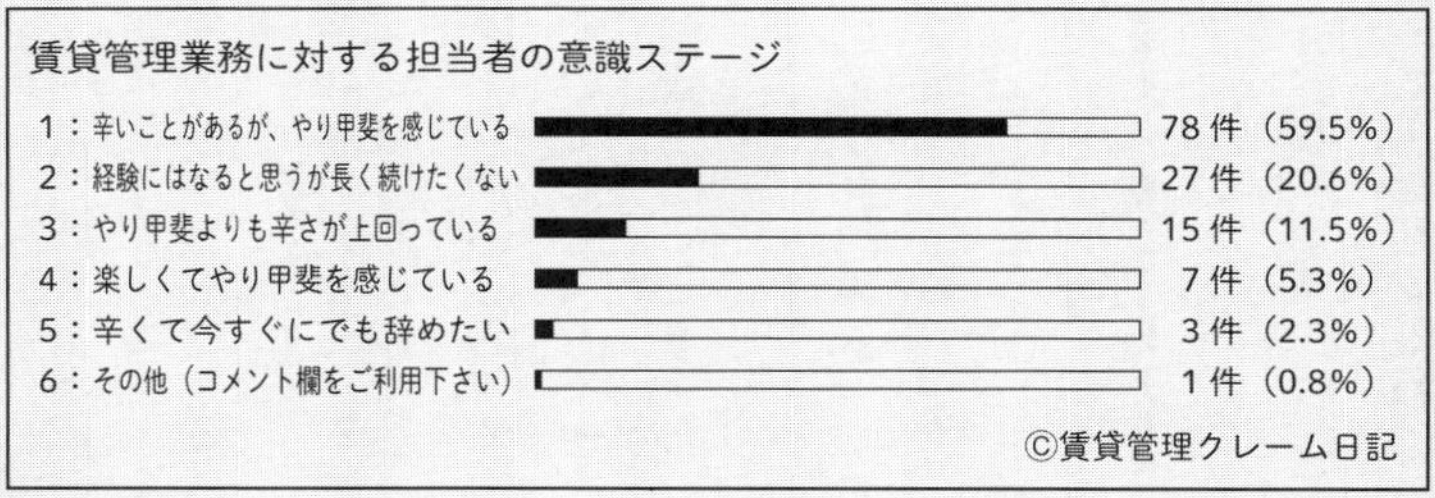

サービスリクエストとは

ここ最近の進んだ管理会社は、クレーム処理のことをサービスリクエスト（略してＳＲ）と呼んでいます。どうもクレームというと「苦情」や「言いがかり」的なイメージがあるのですが、物件のことを一番よく知っているのは、毎日生活をしている入居者ですので、その方々からの苦情や要望に関しては、物件の価値を上げる改善リクエストなのだと意識することが大前提なのです。だから、クレームではなく、サービスリクエスト。

私のブログのタイトルは、「クレーム日記」ですが、心はいつでも「サービスリクエスト」です。ですから、たとえネチネチと苦情を言ってくるクレーマー的な入居者に対しても、サービスリクエストの精神で臨むのが原則です。

なぜなら、悪意をもって業務妨害を仕掛けてくる入居者などめったにいませんが、受けた側の対応が悪いから対決姿勢になる入居者は、たくさんいるからです。

この点、間違えやすいので注意が必要です。悪意をもって仕掛けてくる相手以外は、こちら側に何かしら問題があるから攻撃的な言い方をしたり、理不尽な要求を言ってきたりするわけです。つまり、相手の求めている内容が適正なのか、そうでないのかがハッキリしないうちに、受ける側も一緒になって攻撃的な言い方で返してしまうと、損害に対する復旧が終了した後も相手の感情的な怒りが残ったままになるのです。

「そんな言い方はないだろ!」と、言い返した時は実にスッキリするものですが、その瞬間を我慢して相手が冷静になり、「言い過ぎました」と悟っていただくのが一番なのだと数々の失敗経験から学びました。

前著を書いた平成22年は、図6のようなイメージでしたが、もう少し分けて考え、46ページの図7のように区分けにしてみました。そして、これは第3章でお伝えするトラブル対処の基本的な考えとなります。

図6　旧サービスリクエストの種類

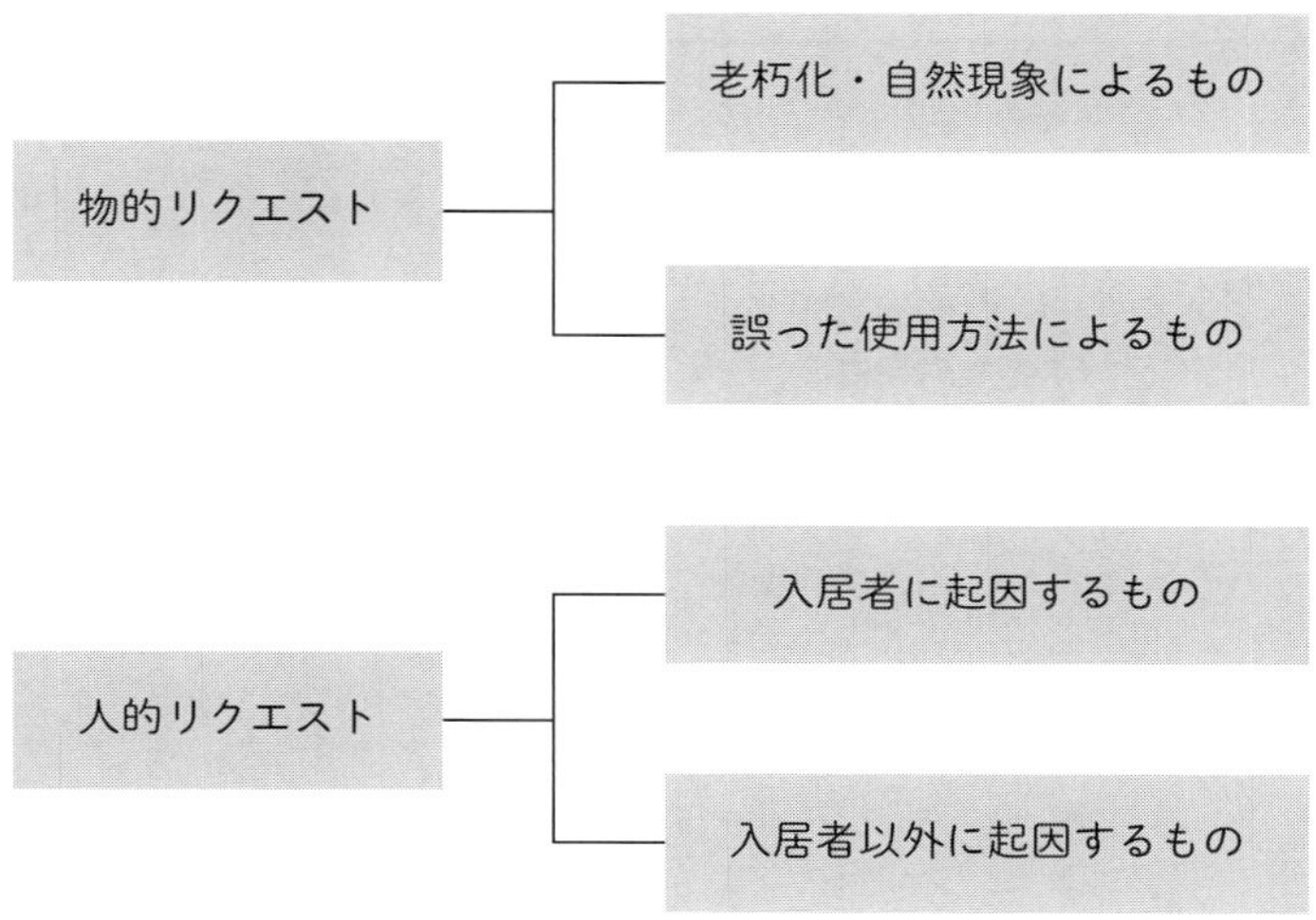

図7　新サービスリクエストの種類

物的リクエスト	漏　水	老 朽 化
	設備故障	火災・事故
人的リクエスト	騒　音	ゴミ関連
	滞納・未払い	自殺・事件
	クレーマー・恫喝系	話の通じない人
生き物系リクエスト	ゴキブリ・シロアリ	ハチの巣
	クモ・毛虫	鳥や動物系
	カビ・ダニ	雑草・植栽

一次対応の重要性

管理を受託する場合、当然のことながら入居者からの連絡・苦情受付業務がメニューに入っています。受付窓口になるということは、単純に内容を大家さんに伝言すればいいわけではなく、ある程度は判断して対応してほしいという意味ですので、実は簡単なようで奥深い仕事なのです。

管理会社は常日頃、入居者から不具合の連絡や契約更新、退去等の事務連絡を受けています。その時の初回連絡を一次対応と言いますが、ほとんどの場合が電話です。

この一次対応でのトラブル解決のポイントは、入居者へ迅速な対応を説明し、「電話での遠隔操作」で終わらせること。それができれば大家さんの出費を抑えるために有効なテクニックとなりますので、大変重要です。49ページの図8に押さえておくべき項目を挙げていますので、参考にしてみてください。

つまり、一次対応の段階で大切なのは、「電話の指示のみで対応方法を伝える能力」です。

その場合、即、業者に修理を手配する管理会社と「電話1本で解決できることが多い」管理会社とでは、大家さんの出費が変わってきます。例えば、不具合の修理依頼を受けたとすると次のような対応が発生します。

①内容を確認する。
②対応方法を伝える。
③修理の必要があるか判断する。
④大家さんへ連絡する。
⑤自社で現地対応か修理業者へ手配するか判断する。
⑥入居者に過失があれば、費用負担が発生する可能性があることを伝える。
⑦不具合を修理する。
⑧修理の確認と大家さんへ報告・請求する。

基本的なことに関しては、前著の『助けてクマさん! 賃貸トラブル即応マニュアル』でも書かせていただきました。より早く直る可能性があるため、「入居者に対応してもらう」とよいでしょう。もし、一次対応の段階で完了できれば、「入居者」「管理会社」「大家さん」の三者にメリットがある話ですので、遠慮せずにチャレンジするべきです。一次対応での解決テクニックを磨くことは、入居者のためだけでなく、大家さんのためにもなり、管理会社の効率をよくすることにつながります。

図８　一次対応のポイント

（例）苦情を受けた場合に確認する基本の内容

- □ 物件名・部屋番号
- □ 名前・電話番号
- □ 起きている現象
- □ いつから
- □ エアコン等の故障の場合はメーカー・型番
- □ 特別なことをしたり変わったことがあったりしなかったか？
- □ お客様の使用方法に問題があった場合は費用が発生するかもしれないこと
- □ 在宅時間（訪問時間）
- □ 訪問する日程を伝える（出動対応する場合）
- □ 依頼先の業者名と、お客様へ折り返し連絡をするために名前と電話番号を伝える旨の許可を取ることを伝える（業者対応を依頼する場合）

※対応業者には必ずお客様に電話を入れるよう念押しする。

クレーマーと決めつける前に

「わかりました。責任者と電話を代わります」

と言われて電話に出てみると入居者が大激怒……。

私は立場上、責任者としてスタッフともめてしまった入居者と話をすることがあります。以前は前記のように、何の前触れもなく、いきなり電話に出ないといけないことが多くあったのですが、さすがに学習しました。

今では、「現在、責任者は不在なので、戻り次第電話させていただきます」と、伝えるように徹底しています。

そうすることで、スタッフから詳しい経緯を聞き取る時間ができるうえに、時間をおくことで激怒している相手の熱が冷めるという効果があります。

スタッフから話を聞く場合に注意しないといけないのは、スタッフが、「私は悪くない」＝「苦情を言ってきた人が悪い」＝「言いがかりをつけるクレーマー」と報告してくる傾向にあるということです。

「この人はクレーマー」というイメージが頭に入ると、自然と戦闘モードに入ってしまい、売り言葉に買い言葉で、本題から外れて感情のぶつかり合いになったりするものです。冷静になって考えるとわかりますが、人というのは、何かきっかけがなければ激怒などしません。

特に賃貸物件の入居者は、入居審査に通った、社会的に問題のない方々ですので、激怒するには必ず理由があるはずです。

まず、管理会社や大家さんに対して怒りをぶつけてきているわけですので、最初の原因は賃貸物件に関する「物的トラブル」か「人的トラブル」です。

物的トラブルの場合は、「エアコンが壊れて我慢できない」「漏水が発生して部屋が水浸しになった」というような、普通の生活ができな

いということで、怒りの感情を持つのは当然のことです。しかしながら、気が短い方が初回の電話で怒鳴るくらいのことはあっても、徐々に冷静になるものですし、大半の方は「困っているので直してください」とお願いしてくるものです。

また、人的トラブルについても、初動からいきなり激怒することは少なく、「上の階の騒音で相談があります」のように、助けを求めてくることがほとんどです。

では、激怒する理由とは何なのでしょうか？　これがまた、電話を代わり話を聞いてみると、ほとんどの場合、「激怒する理由は受ける側の対応の悪さ」です。

例外もありますが、ここでは、いくつか例を挙げて入居者さんがイライラしてくる態度や雰囲気を説明します。

▼イライラさせる受け手の態度や雰囲気

・受付担当の話し方が横柄。
・低い声で話される。
・なれなれしすぎる。
・やたらと断定したり、話の途中で先走ったりする。
・早口すぎて何を言っているかわからない。

・ホントですかぁ？　など、疑われている感じがする。
・まじめに説明しているのに笑われた。
・折り返しするといった約束を破られた。
・対応を放置された。
・たらい回しや、折り返しの電話が遅すぎる。

話や説明が得意な入居者の方ばかりではありませんし、電話なので相手の表情が読み取れません。もともと不満があって電話してきたのですから、ちょっとしたきっかけで激怒モードに突入することは予想できます。

物的トラブルの場合には、いくら自分が丁寧な対応をしていても、修理業者の対応が悪かったらすべてが台無しです。修理業者が時間にルーズだったために、入居者の予定が狂ったという場合も怒りをぶつけられますので、第三者に対応を委託する場合は、特に慎重になるべきです。

怒っている理由は、発生した問題に対する怒りではなく、対応したスタッフの話し方や声質、解釈がズレて話が噛み合わない等の理由や、約束の時間、言ったことを守らないという「受ける側の問題」であることが多いのです。

根本的な原因となっている問題に関しては適切に対処するのは当然のことですが、「相手が怒鳴ってきたからこちらも怒鳴り返した」などは、物理的な問題だけでなく「感情の問題」も解決しないといけなくなります。

▼相手をイライラさせないための注意事項

・相手の話をよく聞く。
・わからない点はしっかり確認する。
・適当に答えたり断定したりしない。
・普通の声質と音量と速度で丁寧に話す。

これらを再認識することが入居者の安心につながり、物件の価値向上につながるのです。

一般的には、ここまでで完了するのですが、度が過ぎて脅迫的な言動をしてくる相手もいますので、その場合の対応については第4章でご紹介します。

理屈・法律を前提に感情に配慮する

賃貸管理の現場では、あらゆる取り決めをします。

最初に物件の媒介や管理委託に関する契約書を大家さんと締結し、募集に入って客付け完了後は、重要事項の説明をして賃貸借契約を締結します。

このように、書面の数だけでもさまざまな取り決めをしていることになるので、それだけトラブルも発生します。特に借主さんとの契約では、原状回復に関するトラブルが多いように感じます。

それでも、国土交通省が平成10年に「原状回復をめぐるトラブルとガイドライン」を取りまとめ、その後改定によって追加などが行われ、自分の感覚的には「かなり」トラブルが減ったと思っています。また、序章でも説明しましたが、民法改正により明文化されることで、今後のトラブル減に期待が持てます。

ふた昔前は、「退去時は原状に復すること」程度の賃貸借契約書の条文で、退去時のリフォーム費用を請求していたのですから、トラブルが起きないほうがおかしなくらいでしたが、ガイドラインが広まってきた頃からは、「ハウスクリーニングを行う、畳の表替えを行う」等の特約文言が条文に入り、トラブルが減ってきました。

しかし、なお、トラブルが起きるのは、「金額を具体的に聞いていない」「負担区分が明確でない」といった「説明不足」によるものなのではないかと思います。

管理会社・不動産会社的には、「すべて明文化することで、言った、言わないをなくしたい」と考えるわけで、どんどん契約書の特約事項が増えていますし、賃貸住宅紛争防止条例（東京ルール）のように「通常は貸主が負担するべきものを特約で借主が負担することを了解しました」と、念押しで説明することで、かなり改善されています。

やはり、基本は「説明すること」「理解してもらうこと」「納得してもらうこと」ですし、「取り決めがないこと」を極力減らす努力が必要なのです。

それでも、契約書では判断できないことが起きてもめてしまった場合は、賃貸借契約書に基づく解釈を丁寧に主張し、借主側に「何を根拠にしているか」を伝えます。

法律上決まっていることであれば言いやすいのですが、そうでなければ似たような判例を主張します。一番よくないのは「大家さんがそう言ってるんだからしょうがないでしょ」という態度です。

いろいろな大家さんがいますが、賃貸借契約の条文や法律、判例でも解釈できないのであれば、「誠実に協議する」ということが前提ですので、間に入っている管理会社の伝え方が大切です。

もし、大家さんの言っていることがおかしいと思えば、その旨を管理会社の見解として伝えるべきだし、大家さんが管理会社を納得させられずに借主側と争うのであれば、白黒つけられるのは、「裁判所」になります。

しかし、いきなり「訴訟」にならなくても「民事調停」の場を設けることができますし、弁護士の先生にお願いせずに本人が行えば、数千円程度で終わることもあります。

私の場合は、貸主、借主のどちらかがおかしいことを言っていると思ったり、平行線になるような話を突き詰めろと言われたりするようであれば、「調停か訴訟をしてください」と伝えています。

滞納による裁判は何度も経験しましたが、今のところ、解釈違いのトラブルは訴訟にならず、話し合いで解決できています。

このように、もめ事の解決は、裁判所の仕事ですが、もめないようにするのは貸主と借主の間に入っている不動産業者・管理会社の仕事です。したがって、すぐに投げ出すようなことはしませんが、担当個人や管理会社ができることには限界がありますので、最後は裁判所に決めてもらうのが一番よい方法なのです。

第2章のまとめ

☑「クレーム」ではなく、「サービスリクエスト」と考える。

☑一次対応で解決できれば、トラブルの拡大を防ぐこともできる。

☑一次対応のテクニックを磨くことは、大家さん、入居者、管理会社の三者にとってメリット。

☑受け手の対応によって普通の人がクレーマーになる可能性がある。

☑もめ事の調整業務は管理会社の仕事だが、平行線になった場合の最終的な判断は、弁護士の先生、裁判所などに任せる。

第3章

クマ流
トラブル別対処法

2．一番辛かった業務は？

（回答 131件）

ちょっと設問が悪かったのか、「恫喝・ネチネチ・クレーマー対応」がダントツとなってしまいました。当然と言えば当然ですね……。

賃貸管理の仕事で、今までに一番辛かった業務は？

1：恫喝・ネチネチ・クレーマー対応	51件（37.5%）
2：騒音トラブル対応	22件（16.2%）
3：滞納督促	19件（14.0%）
4：室内での死亡対応	12件（8.8%）
5：未分別・投げ込み・放置ゴミ対応	6件（4.4%）
6：自分や社員が原因（自己発生）のトラブル対応	5件（3.7%）
7：雨漏り対応	4件（2.9%）
8：給排水漏水・詰まり対応	3件（2.2%）
9：汚部屋対応	3件（2.2%）
10：暴力団対応	2件（1.5%）
11：エアコン・給湯器故障対応	1件（0.7%）
12：ペット飼育系の対応	1件（0.7%）
13：その他（コメント欄をご利用下さい）	7件（5.3%）

©賃貸管理クレーム日記

賃貸トラブルの種類

我々管理会社が入居者から出された要望に対して、「サービスリクエスト」の精神で臨むということは、第2章ですでにお伝えしたとおりです。これらは、一部を除き次に紹介する賃貸トラブルが元になって出されたものと考えてよいでしょう。ですから、両者は一部を除き、ほぼ一致しています。ここでは、実際にどのようなトラブルが生じているか事例を交えてご紹介いたします。

まずは、具体的な事例をご紹介する前に、それぞれのサービスリクエストがどの

図9　賃貸トラブルの分類図

- 物的トラブル
  - 老朽化・自然現象によるもの
  - 誤った使用方法によるもの
- 人的トラブル
  - 入居者に起因するもの
  - 入居者以外に起因するもの
- 生き物系トラブル
  - 室内でのもの
  - 共用部分・敷地内でのもの
- 自己原因トラブル
  - 単純ミス・失念・誤解釈
  - 平行線の主張・逆ギレ

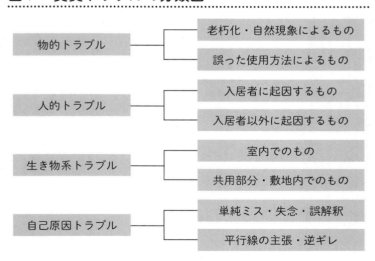

ようなトラブルを元に発生しているのか、概要をお伝えしたいと思います。46ページの図7をご覧ください。

物的トラブル

これは、図7における物的リクエストにあたります。そして、賃貸管理の仕事で、一番頻繁に起きるのが物的トラブルです。「エアコンが壊れた」「お湯が出ない」にはじまり、「天井から水がたれてくる」まで、建物がある限り、こうしたトラブルはついて回ります。

建物や設備に問題があれば入居者に責任はなく、突き詰めれば大家さんが悪いとなるのですが、なかには入居者の使い方が悪くて発生するトラブルもあります。そういった判断も管理会社の役割ですので、何かと奥が深いものです。

人的トラブル

これは、図7における人的リクエストにあたります。

賃貸経営は、部屋を貸して賃料をいただくことで成り立っているわけですが、借りる側としては、快適に暮らせない物件だと感じた場合は、改善を求めるか退去してしまいます。例えば、「上の階の人の歩く音がうるさいので注意したらけんかになった」「自分の借りている駐車場に無断駐車された」など、人がからんでくるのが人的トラブルです。

「滞納トラブル」も人的トラブルの一種ですが、誰が悪いのかがハッキリしている分、改善を求める相手が決まっているので、遠慮せず対処ができます。

ですが、人的トラブルには、自殺してしまった入居者のご遺族と話し合いをしたり、反社会的な方が相手になったりする場合もあり、重たい対応が必要となるケースでは、こちら側にもかなりの負荷がかかるような対応をしなければならないのが特徴です。

▼生き物系トラブル

これは、図7における生き物系リクエストにあたります。

細分化するとさらに細かくなるのですが、以前は、建物の問題などの「物」や入居者同士の問題である「人」が原因となったリクエストが大半でしたが、最近では、どちらにも分けられない虫や動物の事例も見られるようになりました。

例えば、ハチの巣や鳥の巣、ネズミやハクビシンがトラブルになることも多く、大家さんからも「駆除費用を私が払うの？」と言われてしまうこともあります。そんなときは、「ハチの巣があるから洗濯物が干せないって入居者さんが言ってますよ」と伝えると、渋々ＯＫしてくれたり、近所に住んでいる大家さんだと退治してくれたりすることもあります。

もしこれが、「費用も出してくれない」「自分で退治もしてくれない」となって入居者が限界に達すると、私が仕方なく出動する（スズメバチはやりませんが）ことになるのですが、誰が対処するか互いになすりつけあうのではなく、入居者が困っている案件を解決することを第一に考えるのがサービスリクエストの考え方となります。ということで、私は何度もスリル満点のハチの巣退治に出陣しています。

▼自己原因トラブル

これが、サービスリクエストに分類できないトラブルになります。なぜなら、それが物件価値を上げるためのリクエストが前提であると考えるならば、自己原因トラブルはどこにも分類できないからです。そして、トラブルはトラブ

ルでも、物的トラブルや人的トラブルは、管理会社として間に入ることはあっても、ある意味「客観的な立場」でいることができます。

「物が壊れて申し訳なかった」と大家さんの代わりにお詫びすることも、騒音トラブルの改善に向けて努力することも、悪いのは自分ではなく、建物や第三者です。その点では割り切ることができます。

しかし、割り切れないのが自己原因トラブルです。自分やスタッフのミスで入居者に迷惑をかけてしまったり、強く苦情を言ってくる入居者にイラッとして一喝したら、「絶対に許さない」と退去されてしまったり、場合によっては事故や火災の原因を作ってしまうことすらあるかもしれません。

大事故の場合は当然のことですが、小さなトラブルでも自分自身が原因の場合は実に気分が悪く、落ち込むものです。ある意味一番嫌なトラブル対応だと言えます。

ですが、トラブルにあったほうの視点で見れば、「責任をとるのは誰か？」という以前に、「問題を解決しろ」という気持ちのほうが強いのが現状です。

したがって、「責任をとるのは誰か？」にピントを合わせすぎると、本来の目的である「問題の解決」を後回しにして「逃げている」というイメージがつき、ボタンの掛け違いの発生により、問題解決までの時間が長くなってしまうのです。

もちろん、「責任をとるのは誰か？」という点は重要なことではありますが、トラブルの相手方に対しては、「問題の解決を優先」しているという姿勢を見せることが、トラブル解決の基本となります。

この点に関しての緩衝材《かんしょうざい》的な調整業務こそ、管理会社の役割であり、大家さんから必要とされる理由なのでしょう。

物的トラブル対応テクニック

物理的な不具合の対処の中で、特にダメージが大きい案件に「漏水《ろうすい》」があります。そのため、本書では、特に漏水対応テクニックをご紹介します。漏水は、入居者に迷惑がかかり、保険対応ができない場合は、大家さんに金銭的負担がかかります。仮に保険の対象になっても、水浸しになっている室内を見て管理会社として何もしないでいるわけにはいかないので、雑巾やタオルを使って拭き取り作業をすることになり、担当者としても忙しい案件なのです。

突然予告なく発生するのも漏水の特徴ですが、なぜか水道業者がお休みの土日に起こる傾向があるように思います。

漏水の種類は大きく分けると①雨漏り、②排水管不良、③給水・給湯管不良、④入居者の過失、⑤その他となります。どのようなものか具体的にご説明しましょう。

ケース
1

雨漏りの場合

雨漏りは、老朽化による屋根や外壁の劣化が原因となる場合が多いのですが、新しい物件でも建築時の不良工事や設計上の問題で漏れることがあります。多くは、台風やゲリラ豪雨など、通常よりも多く水がかかったことによって発生します。

修理に関しては専門業者に任せますので、管理会社としての対応をご紹介いたします。通常雨漏りの第一報は入居者からあります。大体は大雨が降っている最中の連絡ですので、その場で修理することは難しいのですが、状況確認と応急処置はできます。この初動の段階では入居者はショックを受けている状態で、どうすればよいのか大変不安に思っています。

私が経験した案件で、古い戸建ての一階にあるキッチンの上部から雨漏りしたことがありました。当初は、「早く直してくださいね」程度にしか言われなかったのですが、試しに施工した工事が不発に終わり、大雨が降る度に「また漏れた」の連続で、「いい加減にしろ！」と怒鳴られてしまいました。入居者にしてみれば、工事が入る度に在宅してもらい、何度も期待が裏切られたことで、怒りが爆発したのでしょう。

私は怒りが爆発した後から担当したのですが、正直言ってかなりの激怒具合で、話をすることすら難しい状態でした。この貸家の大家さんに至っては、「これ以上工事するのに追加料金が必要だとは納得できない！」という具合に工事が進められなくなるという最悪のパターンでした。結局は、修理業者を変えて工事を進めたのですが、試しながらの工事だと説明をしても、再工事が増えれば不満に思われるのは当然のことです。

ですから、どんなに詳しく説明をしていても、施工期間が長引けば不満に思われるので、「今度は大丈夫だと思います」など楽観的なことは極力言わずに、「難しい個所の工事なのでご迷惑をおかけして申し訳ないです」と、気持ちの面でフォローすることが重要となります。

ということで、雨漏りの対応に関しては、入居者対応をしっかり行い、試しながらの工事であることをしっかりご理解いただいたうえでわかりやすい説明をするのが、大切なポイントであると言えます。

クマの対処法

①初動では真摯な対応が肝心

雨漏りで困っている人に対しては、初動が大切になります。そんな時に「この天気ですので何もできませんから」などと、サラッと答えてしまうと怒りが爆発するわけです。物には言い方がありますので、まずは現場へ行くと伝えます。たとえ別の用事があった場合でも、なるべく優先するべきなのですが、どうしてもすぐに行けない場合は、「申し訳ありませんが、○時頃の到着となります」と、遅れてでも訪問する姿勢を伝えます。

そして、現地に到着してからは、入居者の話をまず聞きます。「何時くらいから」「どこの位置で」「どのような感じで」というのを聞き、メモをとり、できる限り詳細な写真を撮影します。正直言うと、その場で修理できるものではありませんので、現地確認をすることと、専門業者や大家さんに、できる限り詳細に報告することが私たちの仕事となります。

さらに、もう一つの重要な対応が、水の拭き取りです。雨漏りの場合は給水配管からの漏水と違い、大量に漏れることは少ないですが、きれいな拭取用のタオルや雑巾を持参して漏れている個所を拭き取り、必要に応じてバケツで落ちてくる水を受けるようにします。

手ぶらで行って状況確認だけして帰るよりも、大変さを共有する姿勢を見せることで、入居者も冷静になってくれるものです。

②修理業者の選定は慎重に

次の対応は修理業者の選定です。建物を建築した会社に依頼することが多いですが、新築の保証期間でもない限り、修理費用を払うのは大家さんなので、当然ながら大家さんに依頼先を決めてもらいます。「特に決めてないからお宅で探してよ」と言われた場合には私たちが修理業者を探すことになりますが、雨漏りの場合はプロの業者であっても試しながら修理するものなので、依頼主である大家さんに、しっかりと工事の手順や、原因個所の特定について、単純な案件ではない旨を説明する必要があります。

わかりやすい伝え方としては、「大掛かりな工事が必要かどうか、怪しい所を試しながら施工する方法なので、原因個所の特定までには様子見の期間を含めて時間がかかり、追加工事の際はさらに費用がかかります」と一発で直ることが少ないのが実情であると伝えます。間に入る以上、大家さんから見れば、管理会社に工事を任せた形になりますので、工事の方法や進捗具合等、予告的な説明が必要になってくるわけです。

また、一番の当事者である入居者へのフォローも忘れてはなりません。たとえ漏れている個所が出窓の上部からだから、バケツを置いておけば日常生活に影響がないという場合でも、バケツを置くこと自体が許せないことだってありますので、大家さんに説明するのと同じような丁寧な説明が必要となります。

ケース
2
排水管不良の場合

排水管の不良による漏水は、主に「詰まり」「脱管」「老朽化」が想定されます。「詰まり」に関してよくあるパターンが、入居者がトイレを詰まらせたり、台所の排水を詰まらせたりしてしまうものです。この場合、基本的には入居者の過失となり、費用請求も入居者にすることになります。しかし、ここで決めつけてしまうのは危険です。明らかに便器に物を詰めてしまった場合は、入居者も身に覚えがありますので、もめることは少ないですが、トイレでも台所の排水でも、敷地にあるマンホールから汚水が噴き出ているとなると、その入居者の過失とも言い切れなくなります。

排水系の詰まりに関しては、長年の汚れが管に溜まり、特に冬場になると塊ができて詰まりを発生させることがあるからです。他にも、植物の根が管の中で育ってしまい、流れをせき止めることもあります。

それらの原因では、通常通りの使い方をしていた入居者なら、純粋な被害者となりますので、その人に費用請求が発生するとは決めつけられないわけです。ですから、「お客様の使い方に原因がある場合は、費用が発生いたします」と丁寧に伝えたうえで原因究明することが大切なのです。

▼トイレの詰まり対応

ペーパーの流しすぎでトイレを詰まらせてしまった時の対処法は、ラバーカップ（半球上の吸引ゴムの付いた棒）を用います。基本的にはゆっくりと便器内に水を溜め、ラバーカップを沈めていき、真空状態を作り出してペーパーの詰まりを引き出し、水の流れをつくる「引き」が大切になります。

まれに、物を流してしまったという場合には、便器の取り外しが必要になりますので、よほど自信がある場合を除いてはプロの業者に頼んだほうがよいでしょう。トイレの場合は、お風呂以上に頻繁に入居者が利用するものですから、自分たちの行った作業が原因で、さらに入居者の迷惑となるのは避けたいところです。

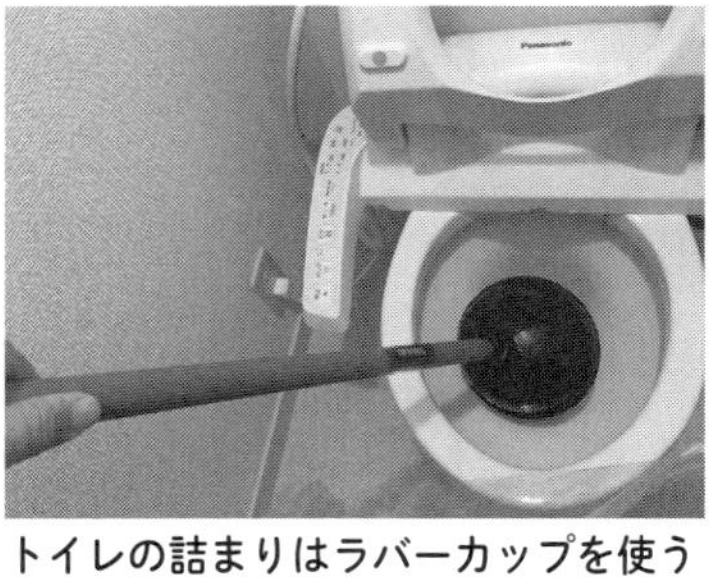

トイレの詰まりはラバーカップを使う

台所の排水詰まり

▼雑排水の詰まり対応

よくある例が、台所の排水詰まりです。一般的には排水にネットをかけて細かいゴミを流さないようにするのが常識かと思いますが、なかには排水口に生ゴミや油を流してしまったり、洗面所の排水に歯ブラシを詰まらせたりしたケースもありました。基本はトラップ（水をためて悪臭を防ぐ部品）型の排水パイプを外して詰まりを除去します。このパイプの中に詰まりの原因となるものがあれば、入居者側に責任があると判断しやすいのですが、問題は排水パイプから先の配管が詰まっていた場合です。この場合は、プロに頼む前に試しておきたいのが、トーラーを使っての塊除去です。

排水トラップ

クマの対処法

① 作業をする場合は、まず敷地内の生活排水用の枡《ます》の中を確認します。

② エルボと呼ばれるL字管を外し、水の流れをせき止めている方向を確認します。もっともこの段階で枡があふれていれば、枡よりも外側が詰まっていることになりますが、大体の場合、室内側での詰まりかと思います。枡にあるエルボ自体に脂が詰まっていることもあります。

③ 詰まりの方向がわかったらトーラーを使います。トーラーとは、長い金属製のワイヤーのようなもので、排水口に突っ込んで行き、手ごたえのある部分に到達した段階で、力を加えて脂等の塊を除去するもので

排水用トーラー

生活排水用の枡

す。大体ここまでやって、歯が立たなければ高圧洗浄機を持っているプロにバトンタッチしたほうがよいでしょう。

その場合、当然費用はかかりますが、安い費用のトーラーで直る場合も多いので、プロを呼ぶのは最後の手段とするのが費用を抑えるコツです。なお、プロの使う高圧洗浄は音が大きいため、作業が夜間に行われる場合は、近隣へ事情説明を兼ねての挨拶が必要となります。苦情が二次クレームとなる相手は入居者だけとは限りませんので注意が必要です。

ケース3

給水・給湯管不良（ピンホール漏水）の場合

漏水対応の中で、雨漏りと並んで大変なのが、給水・給湯管からの漏水です。排水の漏水と違って、水が漏れっぱなしになるのが特徴です。

クマの対処法

① 漏れている個所を確認

この場合、排水系と給水系では漏れ方が違ってきます。排水では、水を流した後に漏れが出るので、漏れは断続的となります。これに対して給水系は止水栓を閉めない限り漏れ続けます。そういった違いがあるので、入居者からの連絡内容と現場状況を見て判断をします。

② 水道メーターのパイロットと呼ばれる銀色の回転盤の確認

目視で回っていることがわかるようであれば、かなりの漏れ具合です。ほとんどが、数時間しないと回りがわからないほどの微量の漏れであることが多いので、メーターの写真を撮って数時間単位で回りを確認することになります。経験上一番多かったのが、給湯用の銅管ですが、漏っている個所に近い水栓のジョイント部分（つなぎ目）からあたりをつけていきます。このあたりで発見できれば、ジョイント部分の直しで完了するラッキーなパターンです。

給水管が外れてしまう場合は、大量の水が流れてすぐに気がつくのですが、そのような連絡が来た場合は慌てず、「止水栓を閉めてください」と伝えます。物件の止水栓は、大抵が共用廊下のパイプスペースにあるか、建物外部の敷地に設置されていますので、電話で説明できるように止水栓の位置程度は管理会社として把握しておきましょう。

③　問題はピンホール漏水

これは、ピンホールと呼ばれる管に小さな穴が開くタイプの漏水です。私は、このピンホール漏水については、水道業者でもないのにかなりの件数を体験しました。どこで漏っているの

ピンホール漏水

水道メーター

か発見しにくい一番の理由は、管が被覆されていることです。銅管を樹脂で被覆してあるのがほとんどなので、水が染み出している個所は単純に水の出口になっているだけで、漏水の穴がある個所ではないのです。

④　確認不能であれば床・天井・壁を開口

まずは、点検口を確認し、根気よく探っても漏水個所が不明の場合は、床や壁、天井を開口します。既に水が染み出しているのであれば張り替えが必要になるので躊躇せず開口し、銅管の被覆をカットしてみます。

⑤　漏水方向確認により個所を特定

切り口を見て水が出てきている側が判断できます。水栓（出口）に近い側か、水道メーター（入口）に近い側かに分かれますので水が染み出る方向が特定できます。当たりをつけてこの

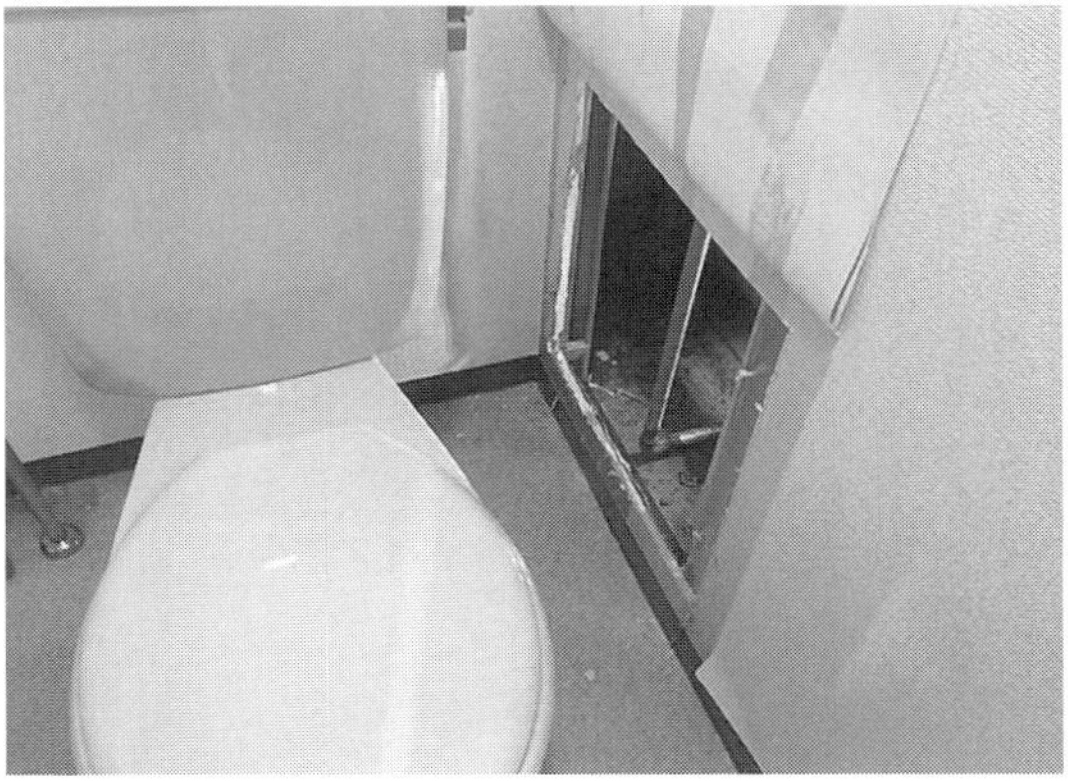

壁開口

作業を繰り返すのですが、大体の位置が特定できれば管を切断して新しくジョイントすればよいので、水道工事のできる業者に管を新設してもらいます。あまりにもこの作業が難航するのであれば、既存の管を放棄し、新規の管に取り付け直すバイパス工事を行います。

⑥　水道工事業者による配管交換

ピンホール漏水では、配管のつぎかえ工事が発生するので、水道工事業者への依頼が必須となりますが、理想的な対応としては、業者が対応してくれるまでの間に、漏水個所の特定から、水のふき取り、開口時に出た石膏ボードの片づけ等、応急措置まで完了することです。業者が日曜日が休みで対応できなくても漏水個所を特定する作業までやっておくことで、以降の工事を速やかに進めることができ、入居者の負

バイパス工事２

バイパス工事１

担や不満が軽減されます。

⑦　一定期間乾燥後復旧

内装業者の出番となりますが、濡れが激しかった場合は、バキューム掃除機や布等で水を抜き、充分乾燥してから復旧を行わないとカビの原因となりますので、入居者の理解を仰ぎ、日数を経過した後に内装復旧工事をして完了します。

すべての工程については、今後の参考と保険対応のためにできるだけ多く写真や動画撮影をしておきます。

▼保険対応についての注意

老朽化したことが原因での漏水は保険の対象外となるのが基本なのですが、入居者への被害を賠償できたり、内装の損害を補償してくれたりする場合もあります。保険は手厚い内容で付《ふ》保《ほ》しておくべきだと事故の度に思うのですが、事故が起きてから後悔することが少なからずあるもので、管理会社の立場としては、大家さんが損することのないよう、注意して保険会社とやり取りしなければなりません。

保険対応の場合は、詳細であればよいとも限らないため、親しくしている保険代理店等にアドバイスを受けながら必要な写真を選択することをオススメします。

ケース
4
入居者の過失の場合

入居者の過失というのは、バケツこぼしや、洗濯機水栓に物をぶつけて漏水してしまったなど、設備の老朽化や雨漏りと違い、大家さん側に過失が無い漏水です。ほとんどが、本人や階下入居者からの連絡で発覚します。

クマの対処法

① 階下入居者等から連絡が来たらすぐに上階入居者へ連絡

原則として賃貸物件の借主は、保険（個人賠償・借家人賠償）に加入しているので、過失を隠そうとしている雰囲気であれば「場合によっては保険が使えることがありますよ」と伝えると、安心して返答してくれます。

② 漏水有無の判断

上階入居者へ連絡した結果、水をこぼした事実が判明した場合は、状況確認のアポを取り対応します。

水をこぼした覚えがないと言われた場合には、雨漏り・排水・給水の漏水も疑うことになりますが、なかには本人が外出した後に洗濯機の給水管が外れている場合もあります。

ケース5 その他

漏水とは異なりますが、似たような現象で「結露」の問題があります。構造上の問題であれば新築後1年経過したくらいに分かるものですが、何年もしてからの結露発生は換気の問題であることが多いです。

クマの対処法

① 換気口出口の確認

マンションのように気密性が高い建物で換気扇が正常に作動していないと結露が発生することがあります。換気扇の作動音がするので、一見故障が無いように感じてしまうのですが、実は共用廊下側の外気に排出する排気口部分が詰まっていることが多くあります。

② 換気口の清掃

油汚れやホコリで、排気口部分に汚れが詰まっているので、排気口を外して汚れを落とします。喫煙者が住んでいたり、油料理を多く作ったりする部屋は要注意です。排気口表面からはわかりにくいですが、裏側の網状部分が目詰まりしているものです。

この作業で結露が改善したことが何度もあります。

また、異常な結露をもたらした原因として、排水管内の真空状態を改善して流れをよくする「ドルゴ通気弁」が外れていたことがありました。「室内の壁の中」にドルゴ通気弁が設置されているのですが、これは、何らかの理由で通気弁のキャップがとれて、下階のトイレや風呂からの水分が壁の内側に充満していたことが結露の原因でした。

換気口の表面

キャップがとれたドルゴ通気弁

油がこびりついた換気口裏側

人的トラブル対応テクニック

第2章では、すべてのクレームは、「サービスリクエスト」の精神で処理すると書きました。もちろん、心構えはそうです。ここでは、心構えとは別に、特に人的トラブルについて、実際に起きているトラブルをどのように解決するか、私の経験を元にご紹介したいと考えています。

まず、60ページの図9にも書いたとおり、賃貸管理のトラブル対応は、「物的トラブル」「人的トラブル」「生き物系トラブル」「自己原因トラブル」に分けられます。

そして、人的トラブルは、さらに、①騒音トラブル、②ゴミトラブル、③滞納トラブルの他、ここではご紹介していませんが、無断駐車や空巣などのトラブルに分類できます。次のページからは、それぞれについて事例を交えてご紹介したいと思います。いずれにしても重要なことは、真摯に対処する気持ちだと思っています。そうできないこともたまにはありますが……。

ケース1

騒音は常にトラブルの元

人的トラブルで圧倒的に対応が多いのが騒音トラブルです。

前著の『助けてクマさん！　賃貸トラブル即応マニュアル』では、「飲み会系騒音」「配慮不足系騒音」「設備・構造系騒音」「通常使用系騒音」の四つが大きな分類であると書きましたが、この業務を続けているうちに「四つの分類では収まらない」と考えるようになりました。ここでは、前著での分類と対処法をおさらいさせていただきます。

①　飲み会系騒音

学生が多く住む物件で「学校で友だちができて家で飲み会をした」など、4月に入居したばかりの頃に多発します。

ほとんどが、「〇〇号室が夜中に騒いでいた」と苦情が来ますので騒音元の特定ができますから、直接騒音を出した部屋の入居者に電話か訪問をします。

「〇〇君、昨日飲み会やってたでしょ」と、なれなれしく聞くと大体の場合「やってました」と答えてくれます。その場合は「うるさくて寝られなかったって電話が殺到したよ」と大げさに注意します。そうすると、案外、学生の場合は素直に聞いてくれるものです。

これが、反省の態度が見られなかったり、二回やってしまったりした場合は親に連絡して

「他の部屋の方が出て行ってしまったら損害賠償請求することになるので、○○君に厳重注意してください」と伝えます。そして、本人には「他人に迷惑かけるようなら出て行ってもらうよ。そうなると他の人の引っ越し代と大家さんに損害賠償してもらうことになるんだよ」と真顔で教えてあげると、ほとんどは改善します。

② 配慮不足系騒音

これも入ったばかりの入居者に多い騒音です。特に鉄筋コンクリートの物件に引っ越して来てテレビやステレオの音を大きくしてしまったり、部屋の中で運動したりして、自分の出している音が響いていないと思い込んでいる事例があります。

注意してみると「マンションだから音が響かないと思った」と言われますので、「けっこう響くものなのですよ」と教えてあげます。

部屋が特定できない場合や騒音被害を訴えている入居者が「自分が言ったと思われないようにしてほしい」と希望する場合は、その旨を書面で全世帯に配布します。書面を配布しても騒音が直らない場合は騒音元と思われる入居者宅の訪問をします。

その際は「どこが騒音元だかわからないので各部屋を回って聞いています」と伝えて「○○さんの部屋では聞こえないですか?」と確認してみます。そして、「共同住宅なので思っている以上に響いちゃうんですよ」とひと言ぼやきます。そうすると、ほとんどの場合、「自分かもしれない」と注意してくれることが多いです。

③　設備・構造系騒音

設備や構造上の問題で音が発生することがあります。

・玄関ドアを閉める音

ドアについているクローザー（開閉部分の部品）の調整で直ります。調整ができなければ交換します。

・室内建具の開閉音

建具の閉まりが悪いと力を入れて閉めることになります。その場合は調整修理をします。

・風呂場やトイレの換気扇からの異音

換気扇の寿命ですので電気工事店に依頼して交換します。

・洗濯機の振動音

防水パン（排水口つきの洗濯機の受け皿）のない部屋で洗濯機を壁にピッタリつけて設置している場合は、壁から離します。洗濯機の足の部分に防振ゴムを挟むことも有効です。

・ウォーターハンマー現象

全自動洗濯機の使用時によく発生します。給水管の水流を洗濯機側でストップした時に「ドン」と大きな音がします。全自動洗濯機の場合は、蛇口を全開にしないで半分程度開くようにすれば改善されることが多いです。

その他の給水管で「ガリガリ」とか「キーン」といった具合に非常に大きな音がする場合は、水道業者に依頼して防止器具を取りつけて改善します（個所によってはホームセンターで市販されている部品もあります）。

ここで、次の④の通常使用系騒音へ行く前に補足を入れさせていただきます。

騒音トラブルに対応する場合、初動の連絡時には苦情を言ってきた人を「苦情元」とし、騒音を出していると言われている側を「騒音元」と呼ぶようにしています。

ただし、①の飲み会系騒音のように、誰が聞いても騒音元が悪いと判断できることばかりではなく、状況によっては「苦情元」が過敏に反応する人で、「騒音元」が通常の使い方をしている場合もあるのです。

この判断がとても大切で、間に入る管理会社や大家さんは慎重に判断するべきです。

音の大きさは、「デシベル（dB）」によって表されますが、今は測定器も手軽に手に入り、簡易なものであれば携帯電話の無料アプリとしても手に入れることができます。

ただし、訴訟で対応する場合には、測定の専門業者に依頼するため、数十万円の測定費用がかかります。

過去の騒音に関する裁判事例に参考になるものがありますので、代表的な平成24年3月15日東京地裁判決の要点を書かせていただきます。

「都内の分譲マンションで、2階に住んでいる幼稚園児の走り回る音がうるさいと1階入居者が訴訟を起こし、騒音の差止めと不法行為に基づく損害賠償を請求し争った」

・当初マンションの管理人は一般論的な注意文書を全戸に配布。
・原告はストレスで体調不良になりメンタルクリニックへ通院。
・原告は専門業者に依頼して上階の発する音を下階で測定。
・リビング内高さ1・2mで計測された音は45デシベルから66デシベル。

【判決】

・21時から7時までは40デシベル。7時から21時は53デシベルに達する音を出してはならない。
・慰謝料60万円・通院費・測定費64万円の支払いも被告の負担である。

これはあくまで裁判例ですので、この建物での案件ではこうなりましたが、すべての建物に共通するわけではありません。

裁判となった他の過去の事例は、一般財団法人不動産適正取引推進機構（RETIO）の判例検索システムや環境省のホームページをご参照ください。

一般人が社会通念上我慢できる程度を「受忍限度」と言いますが、人それぞれ感じ方も置かれている環境も違いますので、結局、個別の事例では裁判をしないと結論が出ないのが実情なのです。

その場合でも、信頼性のある客観的なデータの提出が必要となり、訴訟費用だけでなく測定業者への費用等、多額の出費を伴いますので、賃貸管理の実務的には訴訟をすることは少ないでしょう。

ですが、訴訟をする場合は、弁護士等の専門家と協力して対応することをオススメいたします。以下訴訟をしない場合、私の場合の対処法を説明させていただきます。

④　通常使用系騒音

②の配慮不足の生活音で解決しない場合は、騒音を出している側が通常の使い方をしている可能性が高い事例となります。その場合は、まず苦情を言っている入居者宅でどのような音がするのか確認させてもらいます。

その際、「何となくうるさいけど我慢できる範囲でしょう」などと曖昧に言ってしまうと、何をしに来たのかわからなくなりますし、よけいに怒らせてしまう場合もありますので、はっきりとうるさいのか許容すべきレベルであるのか自分の意見を言います。

▼許容範囲だと思ったら

音を聞かせてもらって許容範囲だと思ったら「共同住宅なのでこの程度の音は許容範囲です」とはっきり伝えます。

何を根拠に言い切るのかと言われたら「私の感覚です」と答えますが、人によって感覚が違うので意見が違うのは仕方ないことだと割り切ります。お互いに自分の意見を通すことができないと平行線になりますが、管理会社や大家さんの意見は重いと考えましょう。味方になってくれると思った苦情元は、がっかりするかもしれませんが、共同住宅には限界があるのだと伝えることも必要なのです。

納得してもらえない場合は、簡易裁判所の調停から始めてもらい、最終的には訴訟により判断を出してもらう流れだと伝えます。

この理屈を無視する苦情元に対しては、後述する⑤の対処方法を実行することになります。

▼うるさいと思ったら

音を聞かせてもらい、うるさいと思える場合は騒音元に対して別の切り口で面会をお願いします。

その場合は、③に出てくる設備・構造に関する問題で音が出ている可能性があるため調査させてほしいとお願いします。そして、設備の異常を調査して問題がなければ「○○さんの歩き方やドアの閉め方が思っている以上に響いてるんですよ」と結論を出して注意を促します。

意外かもしれませんが、足音の問題の場合、歩き方の改善で直ることが多くあります。物理的な問題にプラスして「響くから気をつけよう」といった配慮の気持ちが以前よりも見えてくると、苦情元も「こんなものかな」と、理解してくれるようになるものです。

ここまでは、前著のおさらいです。こんなことでも騒音対処の基本となります。さて、ここから先は、基本ではなく応用編です。

⑤　メンタル系騒音

前記の①～④でも直らない場合がまれに存在します。例えば「苦情元が極端に神経質」だったり、「騒音元がまったく改善しようとしない」など、実に迷惑な案件がメンタル系騒音となります。

ここからは、私が経験した重たい案件をご紹介します。「はじめに」でご紹介した事例の始まりは次のとおりです。

今から6年前に、市内にある木造2階建てのワンルームアパートの2階にAさんが入居しました。

当時、店長をしていた関係で、スタッフが足りないときには自分自身で接客や案内をしていて、Aさんも私が案内して客付けしたお客様でした。

Aさんは30代前半で独身。実にまじめな感じでした。ご両親と一緒に部屋を数件案内したところで、陽当たりがよく閑静な住宅街にある部屋を気に入ってくれました。契約にもご両親が同行し、「息子は一人暮らしが初めての経験なのでよろしくお願いいたします」と深々とお願いされたのが印象的でした。その約1年後　Aさんの住んでいる下の階のBさんより「上階のAさんが深夜に幽霊が出た！　って絶叫して床を叩くので怖いんです」と連絡がありました。それが、この重たい騒音物語の始まりでした。

Bさんの話によると、一度、上階のAさんに対して「歩き方がうるさいので改善してほしい」と言いに行ったところ、すごい剣幕で怒りだしたことがあり、直接の注意は絶対に嫌なので管理会社でお願いしたいとのことでした。私の中でのAさんは、大人しくてまじめなイメージがあり、逆切れするようなタイプには思えませんでした。さっそく、Aさんへ電話したところ、やたらと低姿勢で「大変申し訳ありませんでした。以後気をつけます」と、丁寧に答えていました。そして、その旨、1階のBさんへ伝えた翌日、突然Aさんとご両親が来社されました。

母親　「この度は息子がご迷惑をおかけして申し訳ありませんでした」

クマ　「何か叫び声が聞こえて怖いとの連絡が匿名であったんですよ」

Aさん　「電話でも伝えたとおり、幽霊が出たような気がして大声を出してしまったのです」

クマ　「もしかして霊感があるとか？」

母親　「いいえ、この子は子どもの頃から夢と現実が混ざることがあって、再発してしまったのだと思います」

クマ　「えっ　ご病気ってことですか？」

母親　「かかりつけの医者がいるので、薬をもらえばよくなるんです」

クマ　「病気だからといって迷惑をかけるのは困ります、以後気をつけていただくしかないですよ」

こちらとしては、病気だから仕方ないとはいきません。理由など関係なく、迷惑をかける人には対応が必要となるのです。何とも爆弾を抱えた気分になりましたが、薬を飲めば改善するという話に期待していました。

この一件があってから2週間後、今度はAさんの隣室に住むCさんより苦情が入りました。

Cさん「隣の部屋の入居者なんですが、昨日も今日もずっと独りでブツブツ話してて気持ち悪いんです」

クマ　「何時頃でしたか？」

Cさん「今日は朝6時くらいで昨日の夜は9時頃でした」

クマ　「私から確認してみます」

さっそく、Aさんに連絡をとりました。

クマ「昨日の夜と今日の朝に不気味な独り言が聞こえて怖かったって連絡があったのですが、心当たりありますよね？」

Aさん「誰なんですか？　そんなことを言う人は？」

クマ「匿名だからわからないですよ。Aさん、ブツブツ言ってたんですよね？」

Aさん「そんな一方的に決めつけるなんて、ひどいじゃないですか！」

クマ「はい？　今回初めてじゃないですよね。改善していただかないと迷惑なんですよ」

今回はやたらと反抗的で興奮している状態です。

かなり長い時間、電話でやりとりしましたが、最後には「以後気をつけます」と言われたので、様子見することにしました。

騒音トラブルで警察が出動することは過去にもありましたが、深夜の飲み会で学生が騒いだ程度の話でしたので、ブツブツ言って気味が悪いケースは、対応が難しいのではと考えてしまいました。

そんなやり取りがあって1カ月ほど問題がなかったのですが、再度問題が起きてしまいました。

Aさんが朝早く呪文を唱えだして何かを叩くような音を出したので、Cさんが壁を叩いて警告したところ、Aさんが興奮して大声で逆切れし、警察が呼ばれました。

警察官の話では、叫んでいる現場に到着したら、Aさんが興奮していたので強く注意したところ「申し訳ありませんでした」と謝ったので、引き返したとのこと。

その日から週に1度の間隔で警察が呼ばれるようになり、その都度自分も強く対応し、念書を書かせたりしていたのですが、とうとうCさんが怒りのあまりAさんと直接対決をしてしまいました。現場では本当に殴る直前だったらしく、Aさんから110番通報したとのことでした。

その一件でCさんは引っ越しを考え出しました。

そして、この頃から大家さんと頻繁に打ち合わせをするようになりました。

かなり深刻な状態であると理解してくれ、最悪は訴訟をして追い出すことになると、覚悟してくれたのですが、何より辛いのはAさんが出て行かず、周りの入居者が引っ越してしまうことです。

そこで、「Aさんには出て行ってもらい、他の入居者には住み続けてもらう」というのが当面の自分の目標になりました。

Aさんに厳重注意した後、しばらくはおとなしくしていましたが、休みの前日になると食器を叩いたり呪文を唱えるような声を出したりして警察が呼ばれるような状態でした。その都度、注意すると「生活音なのでしょうがないでしょ」と誰かに入れ知恵されたような言葉で反論されました。
クマ　「何で呪文が生活音なんですか」
この頃には、完全に、不良入居者対応で自分も強い口調になっていました。
Aさん　「寝言くらい誰だって言うし、部屋で食器洗っちゃいけないなんていう法律ないですよね」
クマ　「何言ってるんですか。どれだけ迷惑がかかっているかわかってますか？　他の人の引っ越し代を全部請求しますよ」
Aさん　「それは脅迫じゃないですか！　私にも言い分があるんだから絶対に引っ越しなんてしないから」

クマ　「だったら二度と騒がないでくださいよ」
Aさん　「自分は生活音以外一切出していません。あなたの脅迫のほうが問題です！」
　こうして、だんだんと反抗的になってきたAさんに対し、自分もさらに強い言葉で対応するようになっていったある日、また騒ぎが起きました。
Aさん　「隣のCさんが自分のバルコニーにタバコを投げて来ました」
クマ　「Cさんが直接投げたのを見たんですか？」
Aさん　「放火魔の味方するんですか！　火事になったらどう責任とるんだ！」
　この後に、AさんがCさん宅に直接抗議に行ったのですが、逆に日頃の行いを注意され、最後はAさんが土下座して謝ったそうです。
　この一件の後、Cさんから連絡がありました。
Cさん　「もう限界です。あの人気持ち悪すぎて、こんな所にいたくないです」
クマ　「私もかなり対応しているつもりですが、結果が出なくてすみません」
Cさん　「いえ、社宅に入れるので引っ越し日が決まったら連絡します。お世話になりました」
　この一件があり、大家さんと再度打ち合わせをしました。
大家　「まいったね。これじゃ他の人が出て行くのも時間の問題だよ」
クマ　「Aさんは、自分は生活音しか出していないのに、周りが過剰反応しているって感じで反発してます」

大家「もしかするとCさんが敏感になりすぎたんじゃないかな？」

クマ「いや、下の階のBさんからも苦情が来てるし、警察官も普通じゃないと言ってましたから」

大家「困ったなぁ。もうクマさんに任せるからAさんの対応頼みますよ」

ということで、大家さんとしても最後は裁判をする覚悟を決めました。

そこで、実際に騒音問題で裁判をした場合にはどのような対応になるのか、顧問弁護士に相談してみました。

そこで言われたことは、①当社からの内容証明での警告に反応しなくなったら、弁護士名の内容証明で警告する。②反応があり次第、弁護士との交渉を試みる。③それでもダメだったら訴訟の手続に入るとのことでした。

警告の文書と交渉で出て行ってくれればよいのですが、弁護士の先生に頼んでの裁判となると「着手金で20万円かかったうえに、Aさんが主張するように、生活音しか出していないことを覆すような証拠がほしい」とのこと。

音は目に見えるものではないため、賃貸借契約書に書いてある「他の入居者に迷惑をかける行為を禁止する」といった条項の違反だけで追い出せないのか確認したところ、主張はできるけど追い出しは裁判所の法的判断がないと無理で、それには「受忍限度を超える音なのかどうかの証拠がほしい」と言われてしまいました。

そこで、私が、退去したCさんの部屋に泊まり込んで騒音状況を確認することになりました。

さっそく翌日の夜に寝具一式を部屋に持ち込んで調査を開始しました。第1日目の話は、「はじめに」に書いたとおりです。ここでは、2日目から始まります。

【張り込み2日目】

この日も午後9時頃、部屋に入りました。

午後10時、荷物を移動しているような重たい音が何度も聞こえます。ワザとやっているのかと思ってしまうほどです。これは、騒音被害を受けている人の共通認識なのかもしれません。今晩も注意すると、警察を呼ぶパターンだということが目に見えているので、我慢して録音と時系列の記録をつけることにしました。

今度は、洗濯機を回している音がします。やはり夜間というのは音が響くもので、生活音といえども時間の配慮が大切だと痛感します。洗濯機のモーター音に交じって変な音も聞こえてきました。「ドン　ドン　ドン　ドン」と明らかにリズムをとっているような不自然な音です。Aさんが洗濯機の作動状況に合わせてドラムを叩くようにリズムをとっているのだと思われます。その後、前日に聞こえた、壁を叩くような断続音が聞こえ、皿を洗っているような、叩いているような音が聞こえます。

とりあえず、この日は午前1時前で音が聞こえなくなったため、自分も寝ました。

翌朝5時30分、Aさんが洋室の窓を開けて何やら大声を出しています。あまりにも異常な感じなので、部屋の窓をAさんが気づくように開けました。

Aさん「やっぱりいたんだな。そこで何やってるんだ！」

バルコニーの戸境ボードから身を乗り出し、Aさんが不気味にのぞき込みます。

クマ「そっちこそ、何をやっているんですか。近所迷惑です」

バルコニーでのやりとりに激高したAさんは「訴えてやる！」と言い残し部屋に戻って行きました。すぐに110番通報している様子で、話がよく聞こえます。

どれだけ迷惑をかければ気がすむのでしょうか。おとといとは違う警察官でしたが、またもやパトカーでの事情聴取となりました。警察官からのアドバイスで、警察署の生活安全課へも経緯書を届けて事情を知ってもらいました。同時に、アパート以外の近隣住民の方からも通報があるようなので、「騒音トラブル対応中につきご迷惑をおかけしております」といった内容の文書も近所に配布しました。

恐らく、毎日のように警察官が来て近隣の方も不安に思っているのだと思います。

アパートの入居者には、以前より対応中だと通知していましたが、外堀を固めるように周辺住民の方にも配慮が必要になるわけです。
そして、Aさんあてには、契約解除通知を内容証明郵便で送りました。その後、通知をAさんが受け取った当日、怒りの電話がかかってきました。

Aさん「何ですかこの文書は！　一方的な要求には一切応じられないですから」
クマ「あなたの出している音は生活音じゃない。わざと出していることをやめない限り、悪質な行為だから当然の話です」
Aさん「それはクマさんの感覚でしょ。自分は絶対に生活音しか出してない！」
クマ「もう、あなたの話は聞きませんから。契約は解除です」
Aさん「ふざけるな！　明日仕事が終わったらそちらに行くからいてください」

と、かなり興奮した様子でしたが、先方から来社するというなら、手間が省けます。
この段階になれば、大家さんからは、最悪、お金の問題だけになれば、引っ越し費用をバックアップしても仕方がないと言われていました。本当に、こういう案件は、本人がその気にならないと難しいものです。そして翌日、午後7時にAさんが来社しました。

Aさん「私は退去するつもりはないので、脅かすのはやめてください」
クマ「脅す？　そちらが迷惑行為をやめないのですから、退去してもらうしか選択肢がなくなったんですよ」

Aさん「違います。私はあの部屋で生活しているだけです。生活音を出さずに暮らせる人なんていません」

クマ「あなたのは生活音じゃありません。みんなが迷惑しているわけなので、管理会社としても大家さんとしても退去してもらうしかないとの結論に至ったんです」

Aさん「また、脅迫か！　110番通報するぞ」

しばらくして警察官2名登場。Aさんが一方的に被害者であると訴えた後に、警察官が口を開きました。

警官1「Aさんね、騒いでないとか生活音だって言ってるけど、私の顔見忘れたかな?」

Aさん「……。え?」

警官1「先週の夜中の3時に注意しに行ったんですよ。ガッシャンガッシャンって音が外に響き渡ってるから家に行ったでしょ」

Aさん「はい……」

警官1「その時、あなたは、以後気をつけますって音を出してることを詫びたよね」

Aさん「あの時は洗い物していたので……」

警官2「私は違う日にあなたの部屋に行ったよ。その時も以後気をつけますって……」

警官1　「私たちは通報があったら出動するのが仕事だけど、迷惑なんだよね」
警官2　「不動産屋さんの言うとおり、契約解除になって当然でしょ」
Aさん　「いえ。私は生活音しか出していないので」
クマ　「いい加減にしてくださいよ。もう通用しませんよ。裁判で出される前に自分から出たほうがいいですよ」
Aさん　「仕事があるから裁判所に行く時間がない」
Aさん　「とにかく、私は引っ越しも裁判も認めない！」
クマ　「裁判になって損害賠償まで請求されるなら、普通に引っ越したほうがいいですよ」

到着した２名の警察官

Aさん「私は日曜日が休みなので、仕事を休んで裁判になんて行けません」
クマ「言い訳ばっかりですね。お母さんに連絡します」
Aさんの母親には、Aさんの状況について報告をしていました。Aさんを実家に戻すようにお願いしたのですが、家が狭くて一緒には住めないと言っています。その話をした後にAさんから「母親に連絡するのはやめろ」と言われていたので、どうやら母親が弱点なのだと思っていました。
Aさん「なんで、母に連絡するんですか！　心配するじゃないですか」
クマ「何かあったら連絡くださいって言われていましたから、かけますね」
Aさんは怒っていますが、その場で母親に電話して、「他の入居者にも、大家さんにも、警察官にも迷惑をかけている」と伝えたところ、Aさんに代わってほしいと言われました。
Aさんがいろいろ言い訳した後、自分に電話が戻されました。
お母さんに事情を説明し、電話を切りました。
Aさん「もういいです。今日は帰りますから、ご迷惑かけてすみませんでした」
警官1「電話の声が聞こえたけど、いいお母さんじゃない。これ以上お母さんに心配かけないようにしなくちゃね」
Aさん「はい、以後気をつけます。すみませんでした」

警官2　「早くこの状態を終わらせてお母さんに安心してもらうのが親孝行になるんだと思うよ」
クマ　「そうですよ。お母さんのためにもこの確約書にサインしないとね」
Aさん　「いい加減にしろ！　もう騒がないって言っているんだからかまわないでよ！」
クマ　「もう信用できない」
Aさん　「とにかく、今は書類にサインもしないし引っ越しの約束もしません！」
　Aさんは警察官に深々と頭を下げて家に帰りました。こちらも、2時間も同席してくれた警察官にお礼を言ってその場は解散となったのですが、その時のやり取りはすべて録音してあります。
　その翌日、Aさんの母親から電話がありました。
母親　「昨日の話は本当の話なのでしょうか？」
クマ　「本当なんですよ。隣の人が退去してしまい、下の人も怖がってる状態だし、警察官も何度も出動して迷惑なんです」
母親　「そうですか、同居は無理ですが、引っ越しするように強く言ってみますので、しばらく時間をください」
クマ　「昨晩は音が出ていなかったと下の方が言っていたので、音はコントロールできると思います。よろしくお願いしますね」

この話、一番最初は「幽霊の夢を見て叫んでしまう」から始まりました。当時は、気の毒だと思いましたが、それ以降の音に関しては無意識に出している寝言ではなく、意識して出している音です。多分、台所付近で皿をガッシャンガッシャンしたり、布団か何かを叩いてストレス解消をしているのでしょう。

特に、洗濯機の回転に合わせてリズムをとる行為は、隣で聞いていても不愉快極まりないものでしたので、生活音とはまったく違うものだと確信しています。

Aさんの母親から連絡があった日の夜、今度はAさんから電話がありました。

Aさん「昨晩はご迷惑をおかけしました。いろいろ考えましたが引っ越しします」

クマ「では、来月の末には退去しますって一筆書いてもらえますかね?」

心配なのは引っ越しまでの間の騒音です。ですが、よい方向に予想が外れて見事に騒音が収まっていました。

Aさん「来週の火曜日に引っ越しが決まりました」

クマ「よかったです。では、その日に立ち会いますね」

こういうタイプの場合は最後まで気が抜けません。解約立会いの日も、引っ越し業者の搬出が終わるまで、よけいなことを言わずに車の中で待っていました。そして、引っ越し業者の最後の詰め込みが終わったところで部屋に行きました。

クマ　「では、これから立ち会い確認しますので、まず鍵を返却してください」

通常は最後に行う鍵の返却ですが、真っ先に行いました。これで、何があっても明渡し完了です。ひと通り室内を見回しましたが、タバコを吸っていたわけでもなく、通常のクリーニング費用のみ敷金から引いて終了だと説明しました。

Aさん「裁判所に行くのに会社を休みたくなかったから引っ越しを決めたんです」

クマ　「えっ！　皆勤賞の話？」

Aさん「そうですよ。次は勤続30年の表彰に向けて頑張ってるんですから」

クマ　「別に有給取ったって皆勤賞はもらえるんじゃないの？」

Aさん「皆勤賞はそんなに甘くないんですよ。クマさんにはわからないです」

何とも弱点は、お母さんよりも皆勤の記録だったようです。

クマからのアドバイス

この案件、苦情が出てから本格的に問題になって10カ月を費やしたわけですが、もっと早く出て行ってもらえたら、入居者の退去もなかったのだろうと思います。もっと言えば、Aさんのような人を入居させないことが一番なのでしょうけど、勤務先も年収もしっかりしていて、本人も一見するとまじめ。そんな相手がモンスター入居者になるなんて想像できませんでした。

こういう時には定期借家契約が有効であったと心から思いますが、期限を待たずに出て行ってもらうとなれば、苦労するのは変わりません。管理をする立場から言えば、「定期借家契約で保証会社加入必須」という条件を望みます。営業側、あるいは空室に困っている貸主側からすれば、多少のことは借主側の条件をのんででも、契約を優先させたいと思っているでしょうから、なかなか苦労が絶えないですね。

一連の後、大家さんはねぎらいの言葉をかけてくれたのですが、現実問題としては「普通に戻っただけ」なのです。解決しても心から喜べないというのが滞納や不良入居者対応の特徴です。結果として裁判の費用や、引っ越し費用が浮いたなど、よけいな出費を抑えられたかもしれませんが、管理の仕事はそう甘くないものですね。

騒音トラブルの場合、誰に問題があるかを突き止めることは、故意に騒いでいる場合を除いて難しいものがあります。そのために、全世帯に注意文書の配布を行い、聞き取り確認の訪問や、歩き方を配慮するようお願いするための訪問を繰り返すわけです。

確実に騒音を止める方法があればよいのですが、現実は「建物の限界」であることが多く、ひと昔前の管理会社（不動産会社）では、騒音の苦情があった場合に「共同住宅はお互い様」だと対応もせずに言い切り、「上の階に直接苦情を言ってください」という、今では信じられないような対応をしていました。

このように入居者同士を直接対決させていては、過剰反応する苦情元が根気よく追い出し行為を行い、普通に生活する入居者の退去が繰り返されることにもなりかねません。ですから、注意文書の配布や訪問をすることで、苦情元にも騒音元にもアピールができます。もちろんその段階で騒音問題が収束することが理想ですが、その「建物の限界」であった場合は、「共同住宅だからお互い様なんだ」と悟ってもらうことが調整役である管理会社の役割となるのです。

ケース2

根が深いゴミトラブル

ゴミトラブルに関しては、大きく分けるとゴミ置場などの共用部分や敷地内が荒れる「放置ゴミ問題」と、居室内にゴミを溜める「汚部屋《おべや》問題」があります。

放置ゴミに関しては、カラスや野良猫がゴミを荒らして周辺にゴミが散らかることもありますが、根本は分別が不徹底だったり、置場のネットがキチンとかけられていなかったり、扉が開けっ放しになっていたりする、「人的な問題」が発端となっているものです。ここでは放置ゴミについて説明していきます。

このトラブルに関しては、「大至急片づけろ!」と、周辺居住者から苦情が来たり、

図10　ゴミトラブルの種類

①入居者の分別不徹底でゴミ置場が荒れる

②入居者以外の投げ込みでゴミ置場が荒れる

③敷地・共用部分へのゴミや汚物残置

④居室内にゴミを溜める汚部屋

ゴミの中から証拠を見つけ、投げ込みをした不届き者の自宅を訪問したり、ストーリーがたくさん生まれるのが特徴です。

そういう意味では、根が深いので、細かい対処が必要となります。

▼未分別ゴミに対する対処法

自治体にもよるかと思いますが、ゴミの分別が正しく行われていないと、ゴミ置場に置かれたゴミを行政が回収してくれません。

例えば、私が住んでいる埼玉県久喜市は分別が厳しくて有名なのですが、お弁当のプラスチック系容器に残飯や割り箸が入っていると「分別が徹底されていません」とシールを貼られて置場に残置されます。

残置されたゴミに気がついて分別し直してくれるとよいのですが、ほとんどの場合はゴミの上にさらにゴミが出されていくため、長期間放置されて悪臭を放つ事態が発生し、不衛生な状態になります。

そんな段階になるまで放置しないようにするには、頻繁な巡回が必要なのですが、もっと根本的なことを言えば「分別を徹底させる」ことが必要なのです。

そこでまず、分別徹底方法の導入として、物理的に解決できる「ゴミ置場」についての基本を書かせていただきます。

賃貸物件のゴミ置場には、物件専用の置場があるものから、周辺の住民と共同の場所に出すものがあります。写真のように、物件の敷地内にアルミ製の立派な専用ゴミ置場を設けて防犯カメラまで設置してあるという場合は問題ないのですが、そんな物件以外は工夫が必要です。

小規模物件など、敷地が狭くてゴミの日にだけ道路側のフェンスに取りつけたネットの内側にゴミを入れるようなネット式置場で大切なのは、「ネットが破れていないこと」と「ネットが汚れていないこと」です。当然といえば当然なのですが、破れているとカラスにエサを与えているのと同じことになりますし、汚れていると、入居者が触るのを嫌がり、ネットをかけてくれなくなります。

アルミ製ゴミ置場

取手をつけると効果的

そこで、その対策としては、ネット式置場のネットには必ず「持ち手」をつけるようにします。

ホームセンターで金属製の取手を購入し、適当な位置にボルトとナットを使って挟み込む形で設置すると、入居者が雑に扱うこともなくなります。また、単管パイプ程度の重しも取りつけるようにしています。

さらに、「カラスのゴミ漁りをする知恵と根性に人間が負けるのは悔しい話です」などの手紙を、ゴミネットを改善した日には入居者に写真つきで配布することで、ゴミ置場をキレイにする意識を持ってもらうことも大切です。

こうした物理的な改善だけでなく、「意識の改善」がゴミトラブル対応の基本です。

置場の整理と同時に入居者への出し方指導も重要です。ゴミの未分別トラブルの場合は、「未分別ゴミを出す入居者に改善してもらう」ことが必要なのです。そして、この対応には、三段階あり、また、「入居前の説明」と「入居後の指導」に分かれ、次のとおりとなります。

① 分別方法の徹底指導 ―― 入居前の説明
② 未分別ゴミを出した人への突き返し ―┐
③ 物件全体への警告と監視されているアピール ―┴― 入居後の指導

【入居前の説明】

① 分別方法の徹底指導

管理会社として入居者にゴミの出し方を説明するタイミングは、鍵の引渡し時が多いと思います。まずはこの段階から説明を徹底しないと、あとで苦しむことになるのです。

「市役所のホームページに分別方法が載っているので、見ておいてください」と言葉だけで伝えるのは、一番ダメなパターンです。これは、分別が徹底されない理由を作るようなものです。

自治体によっては、地区ごとの分別日程が表示される、便利な携帯電話用アプリを作っている所もあるので、その場でダウンロードしてもらい、説明してあげるのもよい方法だと思います。もしくは、配布されている分別表を使って具体的に分別方法と日程、間違いやすい項目を強調しておきましょう。

学生さんが入居する場合、今までは親元にいて本人はゴミ出しにノータッチの場合があります。

家族総出で引っ越し作業をする場合、引渡しに同席した親御さんがゴミの出し方の説明を聞いて熱心にメモを取り、入居する本人に伝えようとします。あまりに熱心に聞いているため、管理会社のスタッフも、しっかり説明した気分になってしまうのですが、これは間違いです。

親ではなく、入居する子ども側にしっかりと説明をします。そして、説明途中で「〇〇さん、今の説明わかりました？」と問いかけることで、授業中に先生に指されて慌てる気分になり、熱心に聞いてくれます。

他にも、人材派遣会社などの法人契約の場合、せっかく総務担当者に説明をしても、実際に入居者が入る際には、総務担当者が「分別表をよく読んで徹底するように」とひと言しか伝えていないという悲しい現実があります。

第一段階で大切なのは、「紙の分別表やアプリ等」で「具体的に入居者本人へ」説明することです。

【入居後の指導】

引渡し時に分別方法を徹底しても、段々とルーズになってきたり、なかには、氏名が書かれた部分だけ徹底的に取り除いてゴチャ混ぜのゴミを置場に出す不届き者がいます。燃やせるゴミとプラスチックゴミが混じっているウッカリ系の未分別とは違い、「ビン・カン・雑誌・生ゴミ・乾電池」という具合にゴミを出してくる悪質な入居者もいたりします。そんなゴミを見つけた際は、「全部入りだよ」と、管理会社のスタッフは怒りに燃えて徹底して犯人を見つけようとするものです。

② 未分別ゴミを出した人への突き返し

第二段階での目的は、「分別の徹底を指導すること」が目的なのですが、この段階での対応には注意すべき点があります。一番即効性があるのは、未分別ゴミを徹底分析して名前を探し出し、対象の入居者へ突き返すことですが、これには苦い経験があります。

私が昔、女子学生に突き返したところ、「プライバシーの侵害です」と言われたので、「そんなこと言ってないで今度から正しく分別してくださいね」と優しい笑顔で対応したら「変態！」と大声で言われてショックを受けたことがありました。

すぐに弁護士の先生に自分のしている行為は法的に問題があるのか確認したところ、「ゴミとして捨ててあるものを、管理行為の一環で分別して本人に指導している程度だから大丈夫」と言われて安心しましたが、「変態！」と言われるなんて悲しいものです。

後日、詳しい方から「ゴミの所有権は放棄してもプライバシーの侵害は別次元の問題だから、場合によっては損害賠償される可能性がある」と指摘を受けました。

確かに、ストーカーのように個人のプライバシーを探るのが目的なら、そのとおりだと理解していますが、管理会社がゴミの分別の不徹底を改善してもらうために名前を突き止める行為をし、損害賠償請求されるというのもおかしな話です。とはいえ、本当に精神的な苦痛を与えてしまうのは本意ではありませんし、「全部入り」を出した相手に慰謝料を払うなんて悔しくて寝られなくなるでしょうね。

そのあたりは慎重に対応しないとまったく割に合わない仕事になってしまうため、即効性を求めて該当する入居者にゴミを突き返すか、全体への注意として遠回しに書面で改善を求めるかは、自己責任で判断してほしいところです。

第三段階は、名前が特定できず、突き返しができなかった場合の対応となります。

③　物件全体への警告と監視されているアピール

まずは入居者全員に文書を配布します。できればカラーの写真つきで、「燃やせるゴミの中にペットボトルが混じっていた」など具体的な内容を入れ、「今後改善されない場合は、管理費の値上げやゴミ置場清掃を当番制にします」など、ペナルティーを書き添えます。

ほとんどの入居者は「自分は正しく分別しているのに誰だ！」と怒りを覚えるわけですが、その怒りが分別しない入居者に向かうよう、「今後分別していない方を見かけた場合は、弊社までお知らせください」とダメ押し文を載せると、分別していない入居者は、「監視されている」気分になり、お互いにゴミの出し方を牽制する流れができるものです。

【警告文書の内容例】

・一部の人のゴミ分別不徹底で置場にゴミが残置されて迷惑している。

・未分別ゴミ回収のための費用が増えているので、共益費の値上げや清掃当番制が実施される場合がある。
・未分別ゴミを出している方を見かけたら当社へ通報してほしい。
・今後、未分別ゴミを出している方には過去の回収費用も含めて請求をする。
・正しく分別をされている方に、このような文書を配布して申し訳ないが、ご理解と協力をお願いしたい。

なお、文書による警告は、ゴミの分別が徹底されるまで繰り返すのですが、その際には、未分別ゴミの中身の撮影を念入りにしておきます。特に、タバコの銘柄や、病院でもらった薬の種類に関しては根気よく分析することで、いつの日か個人を特定するのに役立つものです。

例えば、こんなことがありました。

マンションの廊下にある雨水の排水管が溶け

タバコの吸い殻でいっぱいの排水管

灰皿代わりに使われて溶けた排水管

ていたので、配管を外して調べたところ、大量のタバコの吸い殻を発見しました。どうやら排水のフタを灰皿代わりにしている人がいるようです。

大変危険な行為なので、カラー写真を添付して危険性を訴え、目撃者には通報を促す書面を配布したところ、「毎晩○○○号室の人が廊下でタバコを吸ってました」との目撃情報が寄せられて部屋の特定もできました。

【投込ゴミに関して】

注意文書を何度も配布しているにもかかわらず、まったくひるむことなく、ゴミが出される場合には「投げ込み」を疑います。「投げ込み」とは、入居者以外の第三者が勝手にゴミを出していることを指します。

ゴミ置き場の防犯カメラ

投げ込みを牽制するには、防犯カメラの設置が有効なのですが、大家さんに設置してもらえない場合には、警告文書を置場に貼り出します。ただし、あまり、雑に警告すると、物件のイメージダウンになりかねませんので、要点が単純に伝わるような文書をラミネート加工してきちんとしたものを作ります。

また、徹底的に投げ込みゴミの写真を撮影し、「過去の撤去費用も請求する」「不法投棄として警察へ通報する」など、短いながらも面倒なことになっている旨を伝えて牽制します。

ただし、こうした貼り紙は、イメージがよくないため、あまり長期間設置しておくべきではありません。投げ込みをしている相手に認知された後は、文字だけのプレートを設置してさり気なく警告するなどの工夫も必要です。

クマからのアドバイス

ゴミトラブルは、ファミリータイプの物件よりも単身向けタイプのほうが多く発生します。ファミリータイプでゴミトラブルが少ないのは、年齢層が高く隣に住んでいる方と子ども同士が同じ学校であるなど、近所付き合いが少なからずあるので、「だらしない」と思われたくない気持ち、つまり、「世間体《せけんてい》」を気にします。

単身の方の場合は、隣近所との接点が少ないので、住まいに関しての「世間体」を気にする方が少ないのでしょう。

そんな入居者さんには、「自分のせいで管理費が上がるかもしれない」など、他の居住者の目が気になるようにすることで、共同住宅であることをあらためて再認識してもらう機会となります。つまりは、それを利用することで危機感を持ってもらうことが必要です。名付けて「世間体利用テクニック」です。

「人にどう思われるか」という心理は、意外とトラブル防止に使えるものなのです。未分別や投げ込みは許さないという姿勢を徹底している物件のアピールは、善良な入居者の快適な生活環境を守ることになり、物件の資産価値向上にもつながります。

ケース3
最強の汚部屋トラブル

「部屋に彼女が遊びに来る」なんて懐かしい時期が自分にもありましたが、そんな時には念入りに部屋を片づけて掃除した記憶があります。ですが汚部屋入居者の場合、他人を部屋に呼ぶことは、まずありません。

恥ずかしいと自覚している分、問題意識が残っているとも言えますが、汚いから他人を呼べないのか、呼ばないから汚くなったのかは別として、他人の目を気にしなくなることが「汚部屋の第一歩」となり、加速度的にゴミの量が増えていくのでしょう。

長年にわたる賃貸管理業務の経験上、最大の汚部屋は数年前に対応したBさん（1K居住30代男性）です。解約立会いスタッフから「極度の汚部屋で立会いができなかった」と写真つきのメールで報告が来たのが発端です。

送られてきた写真には、山積みのゴミ袋、ビン・缶・ペットボトルが散乱して足の踏み場もない状態が写っていました。

「ゴミの撤去費用は払うので、解約としてください」と、図々しく言うBさんにスタッフが激怒。

「自分で撤去してください！」と伝えたところ、「わかりました」との素直な返答。冷静になって室内の状況を確認したスタッフが恐ろしい物を発見しました。なんと、トイレの便器が大量の汚物とトイレットペーパーの山で見えなくなっていたのです。
その日から2週間程経過した後、Bさんから「ゴミの撤去を完了しました」との連絡があり、スタッフに同行して私も部屋に行ってみました。
ゴミはインターネットで調べた専門業者に撤去してもらったとのことですが、室内の床・壁・キッチン・洗面・風呂の木部すべてに腐食が見られます。その中でも一番腐っていたのは、トイレでした。専門業者もトイレットペーパーだけは撤去しましたが、固まりとなっている汚物には手を出さなかったようです。

クマ　「Bさん、こうなった以上は莫大な損害賠償の請求をかけますが、何でこうなったんですか」

Bさん　「入居して間もなくトイレが詰まったんですけど、直してもらわないで使ってたんです」

クマ　「修理を依頼してくれれば直したのに」

Bさん　「なんか人を呼びにくくて……。そのままでした」

ということは、8年間もトイレを使った後に流さなかったということです。

クマ　「あのねぇ、この状態で毎日トイレを使っていたなんて悪質すぎですよ」

Bさん「いやいや、毎日なんて使っていませんよ。我慢できない時だけでしたので」

確かに、最初の写真で見たところでは、トイレットペーパーの位置が高さ1mくらいだったので、8年間毎日ではないのでしょう。

クマ「撤去業者さんは、ペーパーだけしか撤去してくれなかったんですか」

Bさん「はい。これ以上はやらないって」

クマ「責任取ってBさんが汚物撤去してくださいよ。こんなんじゃリフォーム頼めないですよ！」

Bさん「いや、ちょっと無理です。お金は払いますので勘弁してください」

クマ「ふざけてるなぁ。トイレだけじゃなくてお風呂周りの木部も腐ってるし、室内全交換してもらいますよ」

Bさん「わかっています。金額わかったら教えてください」

クマ「Bさん、アパートローンを組んでこのアパート丸ごと買い取ってくださいよ」

Bさん「そんなつもりはないですし、実はこの件、家内には内緒なんです」

クマ「え〜！　結婚してるんですか」

Bさん「はい、まだ入籍したばかりで。このアパートを借りていることも内緒なんです」

こんなBさんでも結婚できたことに驚きましたが、奥さんとつき合い出してからは、会社の独身寮に入ってこのアパートは賃料を払うだけの部屋になっていたそうです。もしかしたら、汚部屋にしてしまったことで解約ができず、賃料だけ払い続けている汚部屋入居者は全国にも相当数いるのかもしれません。

結局、私の知り合いの解体屋さんに頼み、10万円で汚物と便器の撤去をしてもらいました。そして、190万円の原状回復見積書ができたのですが、Bさんが電話に出てくれません。

見積書を持って転居先に訪問しようかとも思いましたが、新婚家庭を壊す可能性があるので矛先を連帯保証人のお父さんに変えました。

お父さんに電話をして状況を話したところ、「そんな高額の請求には応じられない」とのことでしたので、見積書と一緒に請求の根拠とな

長年積み上がったゴミの山

る「写真」を送ったところ、電話がありました。
父親「写真見ました……。申し訳ありませんでした」
お父さんに送ったのは、トイレの様子や、腐っている浴室、カビだらけのキッチン、積ゴミ180㎝の室内をB4に拡大した気持ち悪くなるようなカラー写真です。
クマ「こんな状況ですので、その金額になるんです」
父親「息子は、昔からいい加減な面があったので、今回結婚できて喜んでいたのですが、嫁さんに知られたら離婚されるでしょうね」
クマ「お父さんにお支払いただけないと、息子さんの新居に行かざるを得ない状態なんですよ」
父親「費用は私が全額支払いますので、これで終わりにしてください」
ということで、このケースはお金で解決した汚部屋物語なのですが、なんとも危ないところでした。新居が汚部屋になっていないことを祈ります。

▼汚部屋入居者の特徴

汚部屋は、室内を確認しない限りは表沙汰になることはないのですが、経験上、汚部屋入居者には次のような特徴があります。

・厚手のカーテンを開けたことがない。

・雨戸を開けたことがない。
・部屋には誰も入れない（室内の点検も拒む）。
・部屋にいても居留守を使う。
・汚部屋入居者は、比較的しっかりした勤務先で収入も高いことが多く、滞納することが少ない。
・ゴミが片付けられないため、引っ越しをする気にならず、長期入居者となりやすい。
・汚部屋入居者宅には、必ず液体消臭剤が置いてある。
そして、汚部屋が発覚する理由には、
・会社や親族からの安否確認依頼で入室して発覚。
・漏水やボヤ騒ぎを起こして発覚。
・ゴキブリや虫が増えたと騒ぎになり発覚。
・外出する際、他の入居者に室内を偶然見られて通報されて発覚。
ということがあります。

長年、部屋に人を呼ばず、誰にも気づかれずに平和な暮らしをしていたのに、たまたま外出しようと思って玄関ドアを開けたところ、隣室の入居者がドアの前に立っていたという事態が発覚理由だった際には、「これは汚部屋入居者の運命だ！」と感じましたよ。

クマからのアドバイス

こういった状況に対処するには、①ゴミを撤去させる、②退去させるという二段階が考えられます。

①　ゴミを撤去させる

何年もゴミを捨てられない入居者が自分できれいにすることはあり得ません。本人に資力がある場合は、直接専門業者にゴミ撤去を依頼し、資力がない場合は、連帯保証人に事の重大さを伝えて撤去費用を出してもらいます。

過去に、ワンルームで積ゴミ２１０センチの汚部屋の見積もりを数社にお願いした際には、安いところでも50万円台でした。一番高い見積もりを出してきた業者は、スタッフが丸１日８人がかりでゴミをすべてダンボールに詰め込み、「引っ越ししている」ように演出してくれ、「絶対に汚部屋だとバレません」というのが売りで95万円でした。

ゴミの撤去を促すには、入居者や保証人に次のように伝えます。

・他の入居者が「ゴキブリが増えた」と騒いでいる
・建物の劣化について莫大な損害賠償請求をする
・他の入居者が引っ越したら責任を取ってもらう

・「このままだと病気になっちゃいますよ」と心配してあげる

② 入居者に退去を求める

滞納がある場合は当然ですが、滞納がない場合は貸主の判断で退去を求めます。汚部屋入居者が心を入れ替えてくれると確信できれば、継続して住んでもらうこともあるかもしれませんが、そのような可能性は、まず低いと考えてよいでしょう。

退去を拒まれたら、「信頼関係破綻」を理由に明渡訴訟を行うことになるのですが、いずれにしても「退去しろ」と先に通告するとゴミを撤去してもらえなかったり、汚部屋のまま夜逃げされたりすることも考えられるわけです。

過去に、汚部屋のゴミを撤去させた日に契約解除を通告して大反発された結果、大家さんの判断で契約継続した汚部屋入居者がいたのですが、騒動があってから5年経過後に漏水事故で室内に入らせてもらったところ、空き巣に入られて散らかされた部屋程度な感じで、汚部屋にはなっていませんでした。

汚部屋対応は、早期に発見する「観察力」と、発見次第、迅速に対処する「対応力」がカギとなります。本人に賠償能力がなければ保証人に協力してもらうようになりますが、その際はカラー写真等を用い、事の重大さを詳しく報告し、理解してもらう「アピール力」も重要な汚部屋対応能力のひとつです。

ケース4
バトルは続くよ滞納トラブル

人的トラブルの3番目は、滞納トラブルです。「なぜ、家賃滞納をしていても警察官は来てくれないの?」という疑問を持ったことのある管理会社のスタッフや大家さんも少なくないと思います。

ファミリーレストランで500円のランチを食べて「今はお金がないので払えません。来月の給料が出たら払います」なんて平然と言い切ったら警察官が登場する。そんなことは小学生でも理解できると思います。しかしながら、その100倍以上もの金額を払わなかったとしても、警察官が来てくれないのが、賃貸物件に住んでいる借主が起こす家賃の滞納です。

ふた昔くらい前の時代には「滞納したら家財道具一式放り出して追い出す」といったことを本気で言っている大家さんや不動産会社がいましたが、今時そんなことをしたら、逆に警察を呼ばれてしまう事態になりかねません。

滞納者の言い訳の例としては、「親族が危篤・振込を人に頼んだ・詐欺にあった・交通事故にあった・会社の給料が遅れている・取引先から入金がない・財布を落とした・御社の社員が集金に来て渡した」などがありました。最後の集金に来た話ですが、結局はデタラメでした。ですが、絶対に渡したと言い張るので警察に届けました。

「悪いのは滞納者なのだから」という気持ちもわかります。しかし、ファミリーレストランの無銭飲食は刑法上の詐欺罪となる犯罪ですが、家賃滞納は刑法で取り締まる犯罪としての条文がなく、あくまでも、「貸主・借主当事者間の争い」＝「民事」の問題にあたるので警察官は来てくれません。つまり、民事不介入の原則があるため、警察は、当事者間の争いである家賃滞納には不介入なのです。この場合、当事者間で解決できなければ裁判で解決するのが正しい対応です。

滞納されてしまった場合は次のように、レベルによって対応を変えていきます。

ただし、別の項目でも触れますが、滞納督促行為に関しては弁護士法との絡みがあるので、貸主の立場になっている場合以外は、非弁行為

にならないよう、十分に注意をしないといけないことを前提としたうえで書かせていただきます。

① 初回は電話で確認しながら丁寧な言葉で督促する

この段階では、入居したばかりで「口座振替されると思っていたが、されなかった」や「本当にうっかりしていた」のような常習性のない入居者と、何度も遅延を繰り返す「常習者」がいます。

まず、常習性のない方に対しては丁寧に、ルーズな方にはしつこく確認を入れるというように、強弱をつけた対応が必要となります。

最近は、電話に出なくても携帯電話番号で送れるショートメール（ショートメッセージ）機能を使って督促することが増えてきましたが、違う携帯電話会社間の送信では70文字までしか送れないので、「管理会社の○○株式会社です。お家賃の入金が確認できません。早急に振り込みしていただくか、ご連絡ください」と、定型文を作っておいて素早く送信します。こういった機能が使えるようになったおかげで、かなり初期対応が楽になりました。

② 連絡を無視して支払わない場合は、書面にて「家賃お支払いのご確認」といった初回用の丁寧な通知文を送付し、同時に連帯保証人へも連絡する

ここ最近は保証人の代わりに保証会社を使うのが定番となってきていますが、古くからの入

居者は保証人を立てていることが多いため、躊躇なく連絡します。

「ちょっと遅れただけで保証人に連絡するな！」と抗議されたこともありますが、「次からは連絡されないように期日を守ってください」と伝え、「遅れると保証人に連絡する仕組み」として認識してもらいます。

③　滞納2カ月の段階では借主本人と連帯保証人へ内容証明郵便にて通知する
このあたりから管理会社の業務としてはグレーの領域になってくるわけなのですが、内容的に争っている場合には弁護士の先生経由で実施するのが正しい対応となります。

通常の連絡業務の一環として内容証明郵便を利用して、本人がおかれている状況をしっかりと説明し、このまま支払われない場合は賃貸借契約の解除や法的手続に移行してしまうことを伝えます。

その昔は、内容証明郵便の原稿を既定の文字数で作成して郵便局の窓口へ持って行き、職員が人力でチェックするため、かなりの時間待たされたうえに嫌な顔をされたのですが、今は「電子内容証明郵便」の仕組みができたので、かなり楽になりました。

④　滞納3カ月目には、貸主が本人訴訟を行うか、弁護士等に委託して訴訟するか判断してもらう
原則として3カ月目に入ると、追い出しにかかります。

管理物件では、こういったことは貸主の意向次第なのですが、基本的にルーズな滞納者を居続けさせるのは、将来にわたって遅延を繰り返すことになるため、早く退去してもらうのが正解なのです。

しかしながら、管理会社の立場では「頑張って回収してよ」という大家さんの言葉でズルズルと長引かせてしまうことがよくあります。

このあたりは、間に入る立場の管理会社としては、貸主に本人訴訟を勧めるか、弁護士の先生を勧めるか、どちらかの提案をするべきでしょう。

現実問題、本人訴訟をすると、訴訟の判決までなら数万円で終わるものでも、明け渡しの強制執行を伴うと100万円近くかかることがあります。

たとえ「訴訟費用は被告負担とする」という判決が出たとしても、強制執行は誰かが費用を払わなければ実行されませんので、貸主側で立て替えた後で借主本人や連帯保証人に請求する形になります。お金がない人に対してさらに請求するわけですので、回収できない可能性が高いと考えたほうがよいでしょう。

弁護士の先生に依頼する場合は、貸主本人が出廷する必要もなく、精神的にすごく楽になりますが、着手金や成功報酬など、数十万円が訴訟費用とは別に上乗せとなります。また、この弁護士費用は多くの場合、被告に請求できない費用です。

⑤　それでも払ってこない場合は、裁判所に訴訟手続を行う

この段階にもなると裁判所から送られた呼出状に降参し、支払った事例が多数あります。特に連帯保証人が驚いて「滞納金を払うので裁判は勘弁してください」と言ってきますが、それでも図太く払ってこない場合は訴訟するのがよいでしょう。

なお、裁判所の仕組みとしては、「調停」「少額訴訟」「支払督促」の制度もありますが、金銭を求めるだけでなく、明け渡しが必要になる状態であるなら、最初から「訴訟」を提起したほうがよいと思います。

⑥　訴訟により判決が出た後は、強制執行断行までに、極力任意で引っ越しさせる

訴訟に関する費用は、明渡判決を求めるだけであれば、本人訴訟の場合、概ね数万円程度（評価額により変わります）ですが、強制執行の断行まで行うと荷物の量により100万円近くする場合もありますので、滞納者自らが引っ越しするような寸止め的な対応努力が必要です。

明渡しの強制執行は、段階的に執行官が強制執行を予告しに来る「催告」の段階と、その1カ月後くらいに行われる「断行」の段階があります。

たいていの滞納者は、「催告」の段階で執行官の言葉と、部屋の中に貼り出された催告書にビビりますので、断行前に出て行ってもらえるように全力でサポートします。

なぜなら、前述したとおり、強制執行の断行は貸主側の負担をさらに大きくするからです。

結局、こうした流れは、保証会社を利用していれば、すべて代行してもらえます。私自身、確信犯的な滞納者の連帯保証人となった人たちの結末を何度も見てきましたので、人の保証人はやめたほうがよいと強く思っています。

しかしながら、既存の契約者や管理物件のオーナーチェンジ等、まだまだすべてを保証会社にお任せするというわけにはいきませんので、しばらくは滞納者とのやり取りが続くことでしょう。

訴訟までいくと、基本は貸主本人での訴訟となるか、弁護士の先生の出番となるため、管理会社の管轄ではなくなりますが、訴訟の流れを覚えることは大変有意義ですし、自らが貸主の物件では、当事者として対応できますので、機会があれば必ず大家さんや弁護士の先生に同行するようにしましょう。

「早期のしつこい督促」と、何度も繰り返す相手には「法的手続の実行」こそが滞納者への督促の基本です。

▼自力救済には要注意

ふた昔くらい前には、大家さんや管理会社が「家賃を払わず夜逃げしたのだから家財道具を捨てる！」なんて実力行使をする時代がありましたが、これは、法律がゆるかったわけでもなく、昔も今も「自力救済」と呼ばれる違法行為です。賃貸借契約では、「貸主」・「管理会社」・「借主」・「連帯保証人」が登場しますが、まず初めに賃貸借契約を交わすことからスタートします。

勝手に住み着いたのであれば話は別ですが、賃貸借契約を締結して、貸主・借主で合意したからこそ、その部屋に住めたわけです。

「合意があったから住んでいる」というのは、まったくもって普通の話ですが、途中から借主が家賃を払わないということは、貸主・借主以外の第三者から見てもわかりませんし、仮に滞納しているとわかっても「滞納が犯罪であると規定している法律がない」ので、警察も民事不介入として関わりません。民事での争いは、裁判所が行う法的手続が正しい解決法となります。法的手続を経ないで解決することを自力救済と言いますが、案外その場面に遭遇する機会は多いものです。

最近の事例ですが、借主が滞納しはじめて連絡も取れなくなったので、連帯保証人（以下保証人）へ督促をかけました。保証人も借主と連絡がつかず、行方不明状態だったので、万が一の事態を考えて警察官同行で合鍵を使い、室内を安否確認しました。幸い室内で倒れている様子はありませんでしたが、３ＤＫの室内には家財道具一式が残されています。同行した保証人から「夜逃げみたいだから、部屋の荷物を捨てるので解約してください」と言われました。ここで、「わかりました」と言えるなら、こんなに楽なことはないのかもしれませんが、そうもいきません。

「他人の物を勝手に捨てることはできませんよ」と説明したところ、「そんな杓子定規なことを言っていたら、いつまでも解約できなくて立て替え払いが続くじゃないか！」と怒り出してしまいました。もちろん保証人の気持ちもわかりますし、立て替え払いをする気持ちがあるだけまじめな方だとも思います。

「合法的に問題なく解約するには明渡訴訟をしないとダメです」と、説明したところで、「それなら自己責任で撤去するので鍵を貸してほしい」とも言われましたが断りました。この段階で保証人が既に借主から鍵を預かっていたら「勝手に保証人が撤去した」と言い訳もできそうですが、管理会社が合鍵を貸し出して自力救済を手伝ったと言われるわけにはいきません。

こうして保証人からの圧力を受けながらも、明渡訴訟の準備を進めてさらに1カ月が経ちました。そこへ、保証人のところに借主本人から「連絡できなくてスミマセン」との電話があり、保証人の説得で帰宅されました。

すぐに解約の意思表示があり、滞納金を支払って引っ越していきました。何やら人に言えない理由で連絡がつかなかったみたいです。もし、保証人に鍵を貸し出して、室内の残置物を撤去していたら、当社も自力救済に手を貸したとして、場合によっては訴えられていたかもしれません。

もしかして、そういう話を仕掛けてきて、示談金を払わせようとする企みだと考えられなくもないわけです。

そんな揚げ足を取られるようなことをして後々心配するよりも、正しい手順を行う大切さが実感できた案件でした。

クマからのアドバイス

・連帯保証人とはいえ借主とは別の人。
・借主以外に鍵の貸出しをしない。
・保証人には正しい手続を伝える。
・例外的な要求をされた場合はリスクを伝えて手を貸さない。
・自ら当事者となって違法なことをするのは後々大きなリスクを抱えることになる。

生き物系トラブル

60ページの図9でもご紹介したように、賃貸管理におけるトラブルでは、「お湯が出ない」や「エアコンが効かない」等の「物に関するトラブル」と、「隣の部屋がうるさい」や「無断駐車されている」等の「人に関するトラブル」があります。その他にどちらにも入らないトラブルとしてあるのが、「生き物系トラブル」です。

物が悪ければ修理や交換の手配をすればよいですし、人が悪ければ注意や調整をして対処すればよいのですが、「生き物」が相手だと、物のように役に立つわけでも、人のように話が通じるわけでもありません。

生き物系トラブルは、「居室内」と「共用部分」のトラブルに分けることができます。

「居室内」で多いのは「ゴキブリ」や「ダニ」などの害虫です。この場合は、「原則として入居者側で対処」してもらいます。

「今までゴキブリなんて見たことなかった！」と、本当かどうか知りませんが、すごい剣幕で電話がかかってきたことがありました。人によっては絶対に許せないことである場合もあるのです。

「原則は入居者側で対応」と書きましたが、実は、管理会社としては杓子定規に「ご自分で殺虫剤で対応してください」と言うだけでなく、相手の慌てぶりを判断したうえで確認訪問し、退治の仕方を説明してあげると親切です。

「こういう殺虫剤がよいですよ」とプレゼントしてあげて、最後に「今度からはご自分でお願いしますね」と教えてあげるのがよいと思います。

　何が言いたいかというと、「ゴキブリなんて自分で退治するものだ」という主張を伝えるのは正論なのですが、そう伝えたことで解約通知を出されるよりは、ひと手間かけてでも現地訪問して「説明を理解して

図11　生き物系トラブル分類図

ゴキブリ	ハチの巣
クモ・毛虫	鳥や動物系
カビ・ダニ	シロアリ

もらう」ことのほうが重要です。

殺虫剤で何度も退治しているのに発生する場合は、屋根裏や床下に動物の死骸があったり、他の部屋が汚部屋だったりする異常事態も想定し、プロの業者に調査と駆除を依頼することも必要となります。

以前、「ゴキブリやコバエが多いとの連絡があったのですが、お宅はどうでしょうか？」とアパートの各部屋を聞いて回ったところ、他の部屋でも発生していることが判明したのに、一人だけ「うちは出ません」と言った人の部屋が汚部屋だったという笑えない経験をしたことがありますので、見極めが大切です。

そのほか、居室内の生き物系で厄介なのは、シロアリです。

シロアリに関しては、放置すると建物の躯体《くたい》に被害を及ぼしますので、貸主側での早期の対処が必要となります。ほとんどのシロアリは床下から木部を食い荒らして登ってくるのですが、脱衣所等湿気の多い所から被害が始まることが多く見受けられます。

羽アリが発生したり、床がフカフカしたりすることで入居者さんが異変に気づき通報してくれるとよいのですが、学生さんが住んでいるワンルームアパート等では「気になりませんでした」などと言い、卒業して解約する日に、はじめて判明することも多々あります。

本来は、防蟻薬《ぼうぎやく》の効果と保証が切れる、5年おきに消毒の再施工をするべきなのですが、ほとんどのアパートは実施していないのが現状です。

これは、床下の基礎部分が部屋ごとに仕切られていることで、一戸建てとは異なり、1階部分の入居者すべての協力を得ないと防蟻消毒ができないといった理由があるからだと思います。

それに、入居者が快く協力してくれるとも限りません。協力が得られない原因としては、

・入居者が無関心である。
・世帯が複数あり日程調整が大変。
・床下点検口がない等施工性の悪いアパートが多い。

などがあります。

そうなると、入居者からの通報を待つ「受け身の対応」となってしまうので、少なくとも1階の部屋で退去があった場合は、特に念入りに確認する必要があるのです。

また最近は、水分に関係なく家の天井部分からでも侵入してくる、既存の施工方法では駆除が困難な「アメリカカンザイシロアリ」の被害も全国で広がりを見せています。従来のように1階の部屋だけを注意すればよいというわけではなくなったため、解約して部屋が空いた際には室内の異変を見逃さないようにしましょう。

シロアリ被害があると思われる主なサインには

・床がフカフカする。
・羽アリの報告があった。
・粒状のフンが落ちている（アメリカカンザイシロアリ）。

などがあります。

次は共用部分での生き物トラブルについてです。けっこう多いのは、「ハチの巣」被害です。共用部分の壁面や、階段の裏などに巣ができると、まず入居者から通報があります。

「子どもが刺されたら大変なので駆除してください」

そう言われてしまうと、対処せざるを得ませんが、この点、大家さんと取り決めをしておきたいものです。

当社の場合は、アシナガバチに関しては原則3000円で対応させていただいています。殺

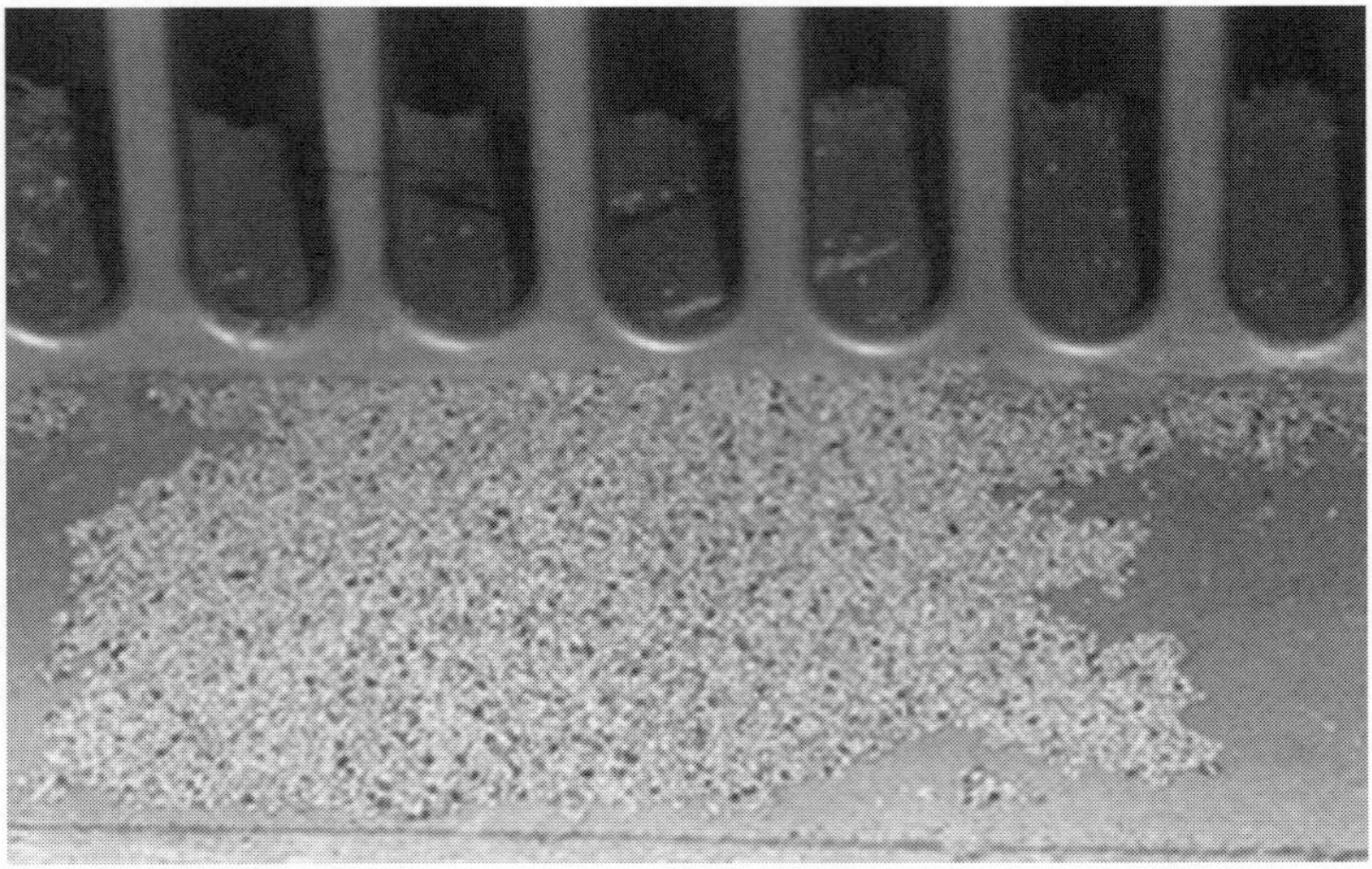

アメリカカンザイシロアリのフン（提供：日本ボレイト株式会社）

虫剤の費用もかかるし、危険が伴うため、それなりのテクニックが必要なのですが、「費用が高いから今度の休みの日にでも、自分でやっておくよ」なんて言われて放置されてしまうのも困るので、ギリギリの金額です。

多いのはアシナガバチですが、私の場合は飛距離10ｍのスプレー式殺虫剤を常備して対処しています。コツをつかむとハチの殲滅《せんめつ》から巣の撤去、清掃に至るまで10分もかからずに完了できますが、高所作業やスズメバチ、大量のミツバチ（分蜂中）等の危険作業に関しては、専門業者に対応してもらっています。特にスズメバチに関しては行政が費用負担をして支援している場合もあるのでご確認ください。

しかし、ゴキブリよりもハチよりも嫌なものがあります。それは、「鳥の巣」の対応です。ツバメが廊下の天井に巣を作ったり、スズメが電気メーターの隙間に巣を作ったりします。また、鳥の巣以外でも天井裏にハクビシンやアライグマ等が入り込むといった報告も最近増えてきました。

その場合は、専門業者に駆除を依頼するしかないのですが、軒下や基礎部分に隙間があると狙われやすいようです。共用部分に巣を作るツバメの場合は、「フンが落ちてくるから何とかしてほしい」というのが通報してくる入居者の要望ですが、巣を撤去してほしいと言われても、野鳥を捕獲したり駆除したりすることは「鳥獣保護管理法」に抵触するのでできません。

巣を作りかけている段階であれば除去することができますが、卵を抱いている状態なら、フンが落ちないような工夫をして巣立つまで待ってあげましょう。

生き物系のトラブルといえば、あるアパートの入居者より、部屋にトカゲが入ってくるので、隙間が無いか確認してほしいという連絡がありました。

訪問して隙間を調べたところ、部屋の通気口が怪しい感じだったので、ネットを取り付けて対処しました。

入居者「一週間で3回も入ってくるなんて変ですよ」

クマ「多分、同じトカゲが出たり入ったりしたんだと思いますよ」

入居者「いや違うよ、毎回違うのが入ってき

天井に入り込んだアライグマ

軒下のハチの巣

たんだから」

クマ　「何で違うってわかるんですか？」

入居者　「だって毎回叩いて殺してるから」

クマ　「……」

人によって感覚が違うのでしょうけど、自分の場合、ハエや蚊は叩けますが、トカゲは無理です。トカゲのためにも通気口にネットを付けられてよかったという事例でした。

そのような感じで、建物を劣化させたり入居者さんが刺されたりする恐怖を感じるなど、なかなか侮れないのがこうした「生き物系トラブル」なのです。

自己原因トラブル

前述したとおり、物的トラブルや人的トラブルの場合、悪いのは建物や設備であったり、上階の入居者であったりするため、当事者が自分ではなく、大家さんと入居者の間に立った調整業務になるので、正直言えば「そういう仕事だ」と、心の中で割り切ることができます。

ところが、悪いのが建物や入居者でなく、自分やスタッフの失敗等、自分が悪い場合のトラブルに関しては実に気が重くなるものです。それは、賃貸管理の仕事に限らず、どんな仕事でも共通だとは思いますが、「あんたが悪い！」となるとまじめな人ほど深刻に悩むものです。

ここでは、そんな自己原因のトラブルをご紹介します。

▼私が対応した自己原因トラブル

ある時、管理物件に当社のスタッフが募集看板を取り付けました。2階の共用廊下に格子状の部分があったので、そこに結束バンドで固定したのです。取り付けた看板はプラスチック製で、90㎝×60㎝の大きさです。取り付けたスタッフは、そんなに重くないので落下することはないだろうと思ったそうです。

ところが、取り付けてから1年6カ月経過した冬のある日、強風のために看板が落下してしまいました。

人身事故にならなかったのが不幸中の幸いでしたが、落ちた場所は駐車場で、しかも入居者の車を直撃したのです。

落下した直後に大きな音がして気付いたそうですが、ボディーと後部ガラス部分に傷がついたため、当社へ連絡が入りました。

「弁償してください」という電話の声は冷静だったということですが、責任者に来てほしいと言われたので、怒りは相当のものだと思われます。

こういうときこそ、自分の出番です。連絡してきた入居者の話では、固定していた結束バン

落ちた募集看板

ドが切れているとのことなので、こちら側の落ち度だと思われます。

現地に到着したら、被害にあった車は、新車のスポーツタイプだと判明。しかも、ピカピカに磨き上げていたので、すごく大切にしていたのでしょう。

現場確認したところ、取り付けた結束バンドはナイロン製のタイプでした。いろいろな種類の結束バンドがあるとは思いますが、よりによって腐食に一番弱い安物タイプだったのです。どう見ても当社の取り付け方に問題があったと思いましたし、大家さんの落ち度でも入居者の落ち度でもありません。

これが新築時に建物に取り付けられた建物名称看板であれば、大家さんの施設賠償保険の対象になったかもしれませんが、当社が集客用に取り付けた募集看板なので保険の対象にはなりません。

自分の持ち味である困った顔全開で「この度は大変申し訳ございませんでした」と入居者にお詫びしたところ、「弁償していただければけっこうです」とのこと。

少し安心して「わかりました」と答え、入居者からの修理金額提示を待ったのですが、この「弁償」の認識が入居者とこちらの間で違っていました。

入居者からは手厚い修理方法の申し出があり、自分の想定を数十万円以上も上回る金額の請求となったのです。これが、大家さんとの間に入って管理会社として交渉するような間接的な立場であれば「高すぎるので応じられません」とか、「妥当な金額を裁判所に決めていただきましょう」なんて言い返したと思います。

ですが、大家さんに落ち度がなく、入居者にも落ち度がないといった状態で入居者ともめることになり、退去でもされてしまったら、さらに問題が大きくなります。

当事者の立場って本当に辛いものですね。仕方なく、入居者の納得する修理方法で、費用の支払いをしました。

こういった場合でも争ったほうがよかったのか、いまだに考えてしまうくらいなので、実に痛い話となりました。

第3章のまとめ

☑賃貸トラブルには、物的トラブル、人的トラブル、生き物系トラブル、自己原因トラブルの四つがある。

☑どのトラブルも最終的には人に対する調整業務である。

☑調整業務は管理会社の重要な役割である。

☑物的トラブルは、何が根本的な問題なのかを突き詰めるのが大切な仕事。

☑人的トラブルは、重たいケースも多々あり、その場合は管理側にも負荷がかかる。

☑自己原因トラブルは、信用問題になるため、慎重な対応が必要である。

第４章

クマ流重たいトラブルの対処法

３．参考アンケート　血液型って関係あるの？

（回答 117件）

Ａ型・Ｏ型・Ｂ型・ＡＢ型の順で日本人に多い血液型の典型的な順番です。

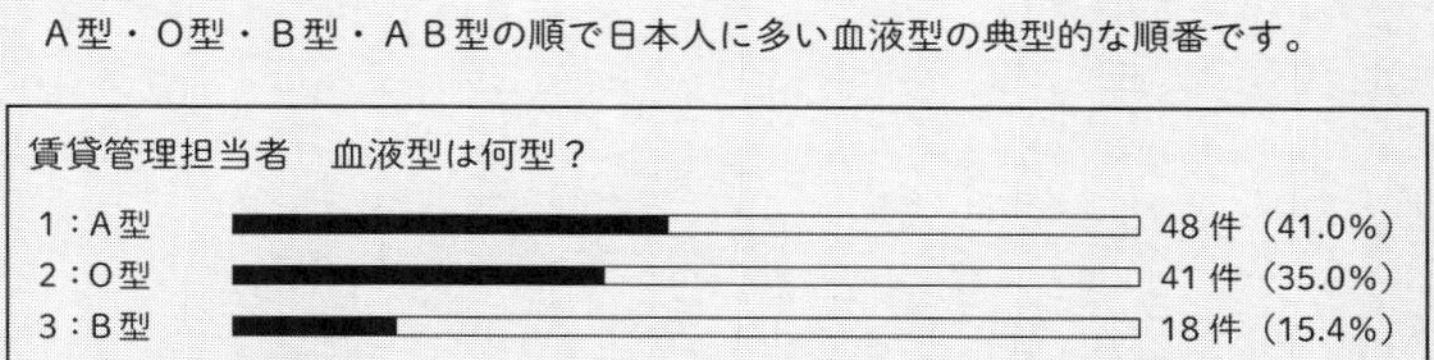

賃貸管理担当者　血液型は何型？
1：Ａ型　████████████████░░░░░░░░░░░░　48件（41.0%）
2：Ｏ型　██████████████░░░░░░░░░░░░░░　41件（35.0%）
3：Ｂ型　██████░░░░░░░░░░░░░░░░░░░░░░　18件（15.4%）
4：ＡＢ型　███░░░░░░░░░░░░░░░░░░░░░░░░　10件（8.5%）

ネチネチ・恫喝《どうかつ》系な人たち

第3章までは、一般的な賃貸トラブルについてご紹介してきました。それらが決して簡単だというわけではありませんが、ここでは、一筋縄ではいかない、少し重たい案件を取り扱っていきたいと思います。

第2章でも触れましたが、入居者や近隣住民が「激怒する」場合は、何らかの理由があることがほとんどです。そんなときは、なぜ、怒っているのか理由を聞き出し、どんなに厳しい言葉を浴びせられても、こちらからの返答は丁寧にすることが、早期に問題を解決し、後々の関係を築くうえで重要だと書きました。

ですから、人が「感情をむき出して怒る」事象に対し、「クレーマー」や「話にならない人」などと決めつけて長期にわたり嫌な思いをする前に、怒りの原因を探り、問題を解決するのが、管理会社の重要な役割なのです。

しかし、残念ながら、なかには「激怒する理由」が別の目的である場合があります。

▼威嚇《いかく》タイプ

これは、ある意味、初歩的なタイプで、思いつきで行動する場合が多いです。過去に自分が経験した事例をご紹介します。繁華街にあったマンスリータイプのマンションで、ペット飼育禁止にもかかわらず、飼育していた入居者を注意した際に経験した出来事です。

この入居者は、月払契約だったのですが、賃料の振込が期日までになかったので集金に行ったところ、インターホンを鳴らしたら犬の鳴き声が聞こえてきました。

出てきたのは、シャツの胸もとから入れ墨が見える40代の男性でした。そこで、賃料の話をしたついでに犬の件も注意しました。

クマ「ここは、ペットの飼育禁止なので犬を部屋に入れたら困るんですよ」

男性「ちょっと人から預かっているだけなので、すぐにいなくなるから」

クマ「いや、預かってもダメだと使用規定に書いてありますから、早急に持ち主さんにお返しいただけますかね」

男性「早急って、今すぐ街中に捨ててこいってこと?」

クマ「そんなことは言いませんが、飼育も預かりも禁止な物件ですので決まりを守っていただけますかね」

男性「わかりましたよ。何とかしときますから」

クマ「お願いしますね。こういう状態が続くと契約更新できなくなっちゃいますので」

男性「何とかしますよ！」

クマ「よろしくお願いします」

　で、玄関ドアが閉まった途端に入居者の大声が聞こえてきました。

「お前が吠えるからこうなったんだろ！　ふざけんじゃねぇよ。この野郎、ぶっ殺すぞ！」と同時に、犬を蹴っているような音が聞こえて、キャンキャン鳴く声も聞こえてきました。

　あまりの迫力に自分もビビってしまい、その場を立ち去りましたが、入居者の男性は犬に対して怒鳴っているだけで、注意した私に暴言を吐いているのではありません。ですが、明らかに私に対して注意しづらくなる雰囲気を醸し出していました。

　この物件はホテルに近い居住形態のマンスリー物件なので、通常の賃貸物件と違っていろいろな方が利用します。多分、普通の人よりも怒りっぽい入居者だったのか、威嚇して言いにくい雰囲気を作り上げるテクニックの持ち主だったのでしょう。

　翌月の督促が嫌だったのですが、解約通知が来てよかったという案件でした。

▼ストレス解消タイプ

自分も含めて、この業界で仕事をしている人は、かなりの確率でストレスがたまるのではないかと思います。もちろん、どんな仕事でも嫌なことはあるでしょうから、業種で決めつけてはいけませんが、あきらかに、日頃のストレスを管理会社の担当者にぶつけてくる人たちがいます。そういう人たちは、何らかのトラブルが発生したとき、原因が建物や管理会社側にあることが判明した段階で激怒するという特徴があります。

当然、非がある案件に関してはお詫びをしないといけませんし、復旧や賠償が必要であることは承知しています。ですが、ストレス解消のために怒るタイプの人は「説教」そのものがしたくて怒るので、なかなか許してくれません。

受ける側としては、「お詫び」すると同時に「原因は何か」を判断して「応急処置」や「復旧作業」を行いたいと思っているのですが、持論を語り出し、やがて自分の昔話や自慢話を交えて長々と話し続ける人がいます。

定年退職した方や、日頃、堅い仕事をしている方に多いのですが、「謝らせる」だけでなく何で怒っているのか「理屈を聞かせ」、ついでに「すごい人なんだ」とわからせることが目的の場合がよくあります。

印籠《いんろう》を出すまで我慢に我慢を重ねる水戸黄門のように、「悪者をやっつける」こと自体が楽しいのだと思います。実に迷惑な話ですが、こういう場面で相手の自慢話が出たら、「我慢していた水戸黄門型」の人なので、「すごい人だったんですね」とスッキリさせてあげましょう。このタイプは、「恐れ入りました」となれば終わりますので、その後は相手を持ち上げて気分がよくなれば許してくれる場合が多いです。ですが、いろいろ反論して言い負かしたり平行線になってしまったりすると、印籠が出せなくて長引くわけです。1秒でも早く印籠を出してもらい、終わらせることを心がけましょう。

▼金銭要求タイプ

入居者の中には、極端な設備トラブルや不具合が発生すると、過剰に金銭を要求してくる人がいます。

もちろん、何かしらの問題が発生したので、「建物や設備の不具合」＝「大家さんの責任」と最終的にはなるのですが、被害者であることを強調して要求がエスカレートすることがありま

す。

そうなると、通常の要求と過剰要求の線引きが難しいところですが、賃貸物件のトラブルの場合、多くは損害保険会社のお世話になります。

数年前の2月、関東地方では大雪の直後に強風と大雨が降る異常な気象状態となった日がありました。

管理している物件では、雪の重みで自転車置場が倒壊して駐車中の新車を直撃したり、複数のアパートや店舗で雨漏りが多発したりと大混乱となりました。

社員総出で被害のあった入居者対応をしたのですが、私は、雨漏りした水が、フィギュアや大切に室内にしまってあった自転車を直撃したことで激怒していたCさん（30代男性）を担当しました。そのときの話です。

Cさんが住んでいた建物は、軽量鉄骨2階建てのアパートで、屋根に積もった雪が直後に降った雨をせき止めてプールのようになり、雨水が室内に入り込んだのでした。

Cさん「ほんと冗談じゃないよ。ここにあるコレクションは価値の高いものばかりなんだよ！」

クマ「そうですか。そのことについては後ほどじっくりお聞きしますので、まずは室内の水分を拭き取りましょうか」

Cさん　「弁償してくれるんですか？」

クマ　「被害に関しては、加入されている家財保険の対象になるかと思いますが、恐らくCさんの思っている価値と保険会社の認定する価値は違うと思います」

Cさん　「はぁっ？　だったら雨漏りするような状態の建物を提供した大家がすべて弁償するのが筋だろ！」

そんな怒りを私にぶちまけてきたのですが、ある程度の応急処置をした後、保険会社用に写真撮影をしてから次の被害物件に移動しました。

数日後、Cさんの定休日に再度ご自宅を訪問。

ひととおり、保険の説明をして被害申告書を作成してもらったところ、フィギュアも自転車も自分の想像をはるかに超える金額が書かれていました。

クマ　「これは、無理ですよ。フィギュアも自転車も雨水がかかっただけだし、購入した時の金額を超えていませんか？」

Cさん　「ちゃんと調べてもらえば価値がわかるから。なんだったら自分が保険会社と交渉する」

クマ　「そうですね。直接交渉してもらったほうが納得されるでしょうからお願いします」

ちなみにCさんが申告した被害金額は約60万円でした。

私見では、雨水で濡れたソファーや衣類、テレビに関してはそれなりに出ると思いましたが、価値がよくわからないフィギュアや自転車に関しての請求が大半を占めていたので、保険会社は拒絶するだろうと思っていました。

その後、何度か保険会社の担当者のところにCさんから確認が入り、自分の要求を強く主張していることを知りました。

思ったとおり、フィギュアと自転車での見解の相違ですが、法外な請求は突っぱねられると予想できます。

もし、突っぱねられたら、大家さんに請求すると宣言していたので、こちらも大家さん側の火災保険会社に打診していたのですが、大家さんは最低限の保険しかつけていなかったので、保険でカバーできないというのが結論でした。

大家さんは、「仕方がないから、家財保険で出ないと言われた部分を払うか」と覚悟してくれたのですが、過剰な要求には応じる必要はないと思っていました。

Cさん「保険会社との金額の話し合いが難航しているんですが、大家さんに請求しますよ」

クマ「保険会社の出している金額は、それなりに根拠があると思うので、それ以上大家さんに請求するつもりなら、裁判所に訴えていただけますか」

Cさん「そんなこと言うなら、家賃の支払いを請求額分ストップしてでも相殺して回収する」

クマ　「それは、滞納ですので、契約解除の問題になりますよ」

Cさん　「建物に不具合があって損害を被ったんだから悪いのは大家だろ。誠意をもって解決するべきでしょう！　管理会社まで一緒になって泣き寝入りしろって言うのか！」

クマ　「大家さんだって裁判所が判断した金額なら妥当だと考えて払いますけど、自転車なんて雨に濡れたって大丈夫なんだから、何十万円も請求するなんて納得できないですよ」

Cさん　「いくら言っても平行線じゃ、家賃はストップさせてもらう」

かなり、険悪な感じになってしまい、そのことを大家さんに伝えたところ、「これ以上もめたくないから、保険で払われた金額と主張している金額の差額を払う」ということになりました。

その数週間後、保険会社の別の担当者から電話がかかってきました。

担当　「今回のお支払金額は60万円です」

クマ　「えっ　請求した金額全額じゃないですか……」

担当　「そうなったようですね」

クマ　「もしかして、建物の不具合だから、その金額を大家さんに求償するとかのオチがあるとか？」

担当　「いえ、その点は不可抗力で落ち度はないとの判断でしたので、求償はありません」

クマ「ところで、前の担当者さんから変わったんですか？」

担当「はい、この案件を最後に退職しました」

　このとき、関東では珍しい大雪の被害で、保険会社は本当に大変だったみたいです。新しい担当者は、詳しいことを教えてくれませんでしたが、どうもCさんの勢いのすごさに折れたような気がします。

　その後、Cさんから解約通知が来て、引っ越ししていきました。

　自然災害のようなトラブル発生時の対応は、①被害の確認、②お見舞いの言葉、③復旧対応が初動対応となります。その後に、被害に対する賠償をする流れなのですが、初動対応の際の感情のもつれから、平行線になるような場合があるので、特に態度や言葉に気をつけて謙虚な姿勢で対応するべきです。

　そうは言っても、どんなに謙虚に対応していても、「言ったもの勝ち」的な感覚を持っている人は少なからずいるものですから、過剰要求だと思った場合は、妥当だと思う対応をして、「納得できない」と言われた場合は、裁判所に判断してもらうことが解決策となるでしょう。

▼話が通じないタイプ

　激怒したり、異常にしつこくしたりする人の中には、話が通じない人が一定の割合でいます。

目的が、「威嚇」「ストレス解消」「金銭」であるならば、ある程度の話は通じるのですが、本気で噛み合わない相手への対応は実に神経を使うものです。

その場合は、相手の言っていることに対し、すべて回答して「あなたとは平行線」であることを強調します。

内容にもよりますが、書面で一方的に自分の主張を送りつけて牽制してきたり、他の入居者を巻き込むような迷惑行為があったりすれば、警察や行政と連携をとるようにします。

このあたりは、説明が難しいですが、話が通じる相手と通じない相手では対応が異なるというわけです。

警察の生活安全課に相談に行くと、多くの場合、「記録しておきます」と言われ、すぐには動いてくれませんが、エスカレートする前に相談するのが有効で、さらに問題が発生した際に、他の行政機関と連携を早め、対処することもできます。

そういうわけで、他の入居者に影響が出れば、賃貸経営に重大な被害をもたらしますので、相談程度のことなら躊躇せず行いましょう。

クマからのアドバイス

- 苦情は、物件の改善や、快適な環境を作るためのリクエスト。
- 怒鳴っている相手にも丁寧な話し方と適切な対応を心がける。
- 相手が求めていることを確認するためによく話を聞く。
- 感情への配慮は理屈や法律と並ぶ交渉の要。
- 過剰な要求や恫喝的対応をされた場合は対応を変える。
- ネチネチ系には、丁寧な応待↓適切な対応↓過剰な要求↓平行線対応↓調停・訴訟という段階がある。
- 刑事事件になるような場合や危険を感じる相手の場合は警察や行政機関に相談する。

反社会的な人たち

最近は、保証会社の利用が増えた関係で、過去に何らかの金銭トラブルがあったような人は審査であぶり出されることになります。審査の技術は、過去のデータが増えることで、年々進化していると思います。

しかし、「審査に引っかからない人」や「意図的に問題がある人を表に出さない」方法で審査をくぐり抜け、賃貸借契約を締結してしまう場合があります。

例えば、入居されると困る人たちの筆頭格としては、「暴力団に関わる人」が挙げられます。平成23年にすべての都道府県で暴力団排除条例が施行され、売買契約書や賃貸借契約書には暴力団を排除する条項の記載が徹底されるようになりました。

これについては、暴力団等の反社会的勢力とは取引しないと宣言し、取引後に反社会的勢力である事実が判明した場合は、契約の解除や損害賠償請求を行う旨が記載されれば、抑止効果が出るものと考えられます。ただ、相手方が親切に「契約書に書いてあるから入居できないなぁ」などと言ってくれるわけでなく、いつの間にか賃貸物件に入居していたということもあるのです。

私自身、暴力団やそれに近い人たちとの遭遇経験が何度かあるのですが、主に滞納して発覚するパターンが多かったように思います。

訪問したら威嚇するなど、話の中で匂わす人の場合は実にわかりやすいのですが、本格的になるほど徹底して暴力団関係者であることを隠していることがあります。今回は、それが発覚した事例を書かせていただきます。

しばらく前の話ですが、私が居住している市で暴力団同士の抗争事件が頻発しました。大手の全国組織が地元の組織とぶつかり、組織の建物に銃弾が打ち込まれたり、重機で組長の家を襲撃したりとテレビのニュースになるくらい活発だった頃の話です。その頃に管理していた賃貸マンションの一室を、暴力団と知らずに貸してしまったことがありました。

ある日、「○○町3丁目で入居者募集中になっている3ＬＤＫのマンションを借りたい」とＤさん（男性）が来店したので、案内したら申し込んでくれました。30代の方で建設会社勤務、婚約者と二人で住む予定と書いてあり、保証人は保証会社を希望されました。当社の営業担当者によれば、話をした感じも服装も態度もまったく問題なく、とても好印象だったそうで、保証会社の審査も問題ありませんでした。

ところが、引渡しをしてから数日後、マンションの別の入居者から「マンション前の道路で路上駐車が増えた」と通報がありました。

1世帯1台駐車場がある物件なので、物件への訪問者が置いてしまうのだと思い、全世帯に注意文書を配布したところ、Dさんから電話がかかってきました。

「すみません、私の友人が遊びに来ていまして、以後気をつけます」

配布した注意文書は「路上駐車は迷惑です。警察の取締対象になるので気をつけましょう」といったごく一般的でゆるめの文書だったのに、わざわざ連絡してくるなんて礼儀正しい人なんだなと思いました。そして、さらに数カ月経過した後、別の入居者から匿名の電話がかかってきました。

「302号室に複数の男たちが頻繁に出入りしています」

この部屋の入居者はDさんのはずですが、会社員で婚約者と二人の入居と聞いていました。

「どんな感じの人が出入りしていますか？」と聞き返すと、「皆さんすれ違うと率先して挨拶してくれるのですが、見た目が怖い感じです」とのこと。さらにこの方の話では、マンション近くの月極駐車場に止めてある高級外車から男たちが出てくるのを見たとのことでした。

そこで、Dさんになぜ複数の出入りがあるのかを聞いてみたところ「会社の先輩が遊びに来ることが多いです」と慌てた感じの回答がありました。

今回のマンションはすべて賃貸で3LDKが15室。ほとんどの世帯にお子さんのいる典型的なファミリータイプです。

しばらくすると、以前自分が客付けした別の入居者のご主人が会社に相談に来ました。

「302号室は絶対にヤクザの事務所ですよ」

と深刻な顔つきで訴えます。

何でそう思うのか聞いてみると、男たちが部屋から数人出てきて、親分みたいな人が高級外車に乗るところを深々とお辞儀して見送っていたそうです。そして、その直後に男たちとすれ違った時、全員から「こんばんは！」と元気よく挨拶されたとのこと。

「礼儀正しくて怖くはないのですが、抗争事件になる前に追い出してください」と、強くお願いされました。

やはり暴力団関係者を入れてしまったようです。ご主人の言うとおり、早く手を打たなければ

ば入居者が危険です。

直接、入居者のDさんに「暴力団ですか？」と聞いても警戒されるだけですので、この案件の1年前に別の暴力団案件で相談に乗ってもらった刑事さんに相談することにしました。1年前の案件は車のナンバーから組織が判明したのですが、Dさん自身も、出入りしている車も組織と関係している様子はないとの結論でした。

ただ、刑事さんいわく「非常に怪しいので引き続き何かあったら報告してください」とのことで、携帯電話の番号を教えてくれました。

1年前の案件は契約金の支払い以降、いっさい賃料の支払いがなく、滞納による明渡訴訟で強制執行の前日に退去していった確信犯的に滞納をする暴力団でした。今回は滞納がなく、礼儀正しくて問題をまったく起こさないタイプなのが厄介なところです。

しばらく不安な日々が続きましたが、夏の暑い日に動きがありました。

「リビングに設置してある設備のエアコンから水がたれるので直してください」とDさんからの修理依頼の電話が来たのです。

中に入るチャンス到来！　早速、刑事さんに「室内に入るチャンスなので作業員の格好をして一緒に入りましょう」と電話したところ、「ゴメンネ、今日非番なんだよ、クマさんに任せるからヨロシク」とのこと。

結局、私と同僚の二人で作業服を来て室内に入りました。エアコンの水漏れはたいしたことはなく、すぐに直せました。リビングに面している和室では、引戸が閉まって中が見えませんでしたが、複数の男たちが高校野球を見て盛り上がっている声が聞こえます。

修理が終わった旨をDさんに伝えると、引戸が開いてDさんが出てきました。そのときに和室の様子がチラッと見えたのですが、大きな神棚と、テーブルの上には札束が置いてありました。見なかったふりをしましたが、部屋を出てから刑事さんに電話で様子を伝えました。

「そうか、野球賭博をやってる感じだと暴力団に間違いないね。よーし、本腰入れるよ」

力強い言葉でしたが、今までは本腰じゃなかったんですね……。

今回の特徴は、「滞納をしない」「すごく礼儀正しい」という点です。特に出入りの男たちは極端に礼儀正しく、率先して入居者に挨拶をしたり、深々と頭を下げたりするなどの努力をしていました。ですが、礼儀正しくても顔や身なりが怖いので逆に怪しまれてしまいました。

暴力団だと判明すれば、契約書の条項をもって賃貸借契約の解除を通知するのが建前なのですが、「わかりました」と言うとは思えません。滞納や他の住民への迷惑行為もないため、暴力団である証拠をつかみ、明渡訴訟を起こす準備をしようと顧問弁護士と相談していたある日、刑事さんから連絡が来ました。

「話がついて部屋を解約することになったよ」

突然の吉報に、すごく驚いたのですが、刑事さんが言うには地元の暴力団と対立していた組織の秘密事務所だったということでした。

「本当にありがとうございます。刑事さんが出ていくように交渉してくれたのですね！」

ものすごく頼りになる刑事さんだと感謝の言葉を述べたところ、意外な返答がありました。

「いや、そうじゃなくて組織間で手打ちをして和解したから、事務所を使わなくなったんだって」

何だかラッキーだったような災難だったような、思い出深い案件になりました。

【暴力団関係者の特徴】

・当初は必要以上に礼儀正しい。
・「温厚な人を演じた後に怒鳴ってビビらせる」など心理戦のプロ。
・「余計なひと言」を待って揚げ足を取るのが得意。

【対応の基本】

・即、管轄する警察署の相談窓口へ。
・相談の際は要点をまとめた書面を用意（契約書・車のナンバー等）。

・対応が必要になった場合でも余計な言質を取られないよう極力話をしない。
・交渉は会社に来てもらって行う（出向いて軟禁されないように）。
・どうしても相手先へ訪問する場合は複数で行き、警察へも連絡。
・会話はボイスレコーダーで記録をして脅迫等の場合は証拠にする。
・「これから事件になりそう」や「事前に相談したい」場合は警察署の生活安全課か暴力追放センターへ相談する。
・現在進行形の場合は110番に通報する。

各都道府県に設けられている暴力追放センターでは、不当要求防止責任者講習を行っています。これは、暴力団の情勢や暴力団からの不当な要求に対する対処方法等に関する講習です。暴力団がどのような手口で忍び寄ってくるか、実に生々しい再現ドラマを見ながら詳しいマニュアルを使っての解説と責任者専任済証（店頭用シール）や、対応の基本が書かれた手帳ももらえます。無料ですので、窓口になる可能性がある立場の方は、各都道府県で開催される不当要求防止責任者講習に参加されることをオススメいたします。

クマからのアドバイス

この案件では、組織の中でも問題のない人を借主にし、常に礼儀正しくして他の住民に怪しまれないようにしていたという点が巧妙でした。

まず、最初に、小学生の子どもがいて学区が決まっているわけでもないのに「○○町3丁目のマンション」と最初から具体的に借りたい部屋が決まっていたことを怪しむべきでした。普通は、何件か物件を見比べて物件を絞り込んでいくのに、最初から決まっていたこと。そして、必要以上に礼儀正しく、必要書類の準備も速やかで抜かりない。これだけで見抜けるのかと言われれば難しいと思いますが、乗ってきた車が申込書の住所と関係ない他県ナンバーだったり、レンタカーだったりした場合は要注意です。

このように、審査で見抜けなければ、入居後の対応になるのですが、婚約者と二人で住むからと3LDKを借りたはずなのに、結局、女性の出入りはなかったので、一人で広い部屋を借りても怪しまれないためのカモフラージュだったんですね。

一番の決め手は出入りする人の多さです。

「会社の先輩が遊びに来るんです」なんて言い訳をしていましたが、学生じゃあるまいし、毎日のように会社の先輩が遊びにくる家なんて見たことがありません。居住用の物件なのに、不特定多数の出入りがある段階で、怪しむべきだったのでしょう。

また、本人の車のナンバーでは該当なしでしたが、出入りしている人の車のナンバーから暴力団の所有する車だと判明しましたので、「車のナンバー」も重要な手がかりとなります。

この時連携したのは、警察の暴力団担当の刑事さんだったのですが、暴力団だとわからない段階での相談窓口は、「生活安全課」のような部署になります。また、警察とは別の相談窓口として、「暴力追放センター」が各都道府県に設置されていますので、「何となく不安」でアドバイスをもらいたい段階での相談にも親身になってくれます。

人命優先の安否確認

「部屋の中で倒れているかもしれない」

そのようなことを言われてしまった場合、どのような行動をとるのかというと、この仕事をしていてトップクラスのやりたくない業務にあたる「安否確認」をすることになります。でも、やりたくないとは言っておられず、入居者の安全と大家さんの資産を保全するためには避けては通れない大切な作業でもあるのです。

安否確認を依頼してくるのは、入居者の親御さんや勤務先の上司であることが多く、「息子と何日も連絡が取れない」や、「真面目な社員が無断欠勤して電話も通じない」などと言われると、緊張が走り、「中で倒れているのでは？」ということで、業務の予定を変更してでも出動します。

30年も前なら「滞納しているのだから室内を確認する」と言って鍵を開けてしまう強気な大家さんや管理会社がいたものですが、だんだんとそのような行為は犯罪行為であると認識されてきたため、軽々しくはできません。

つまり、安否確認で問題となるのは「鍵を開ける正当性」となります。

まず、鍵の話ですが、賃貸物件の場合は、管理会社が予備の鍵を保管することがほとんどです。最近は、トラブル防止のために「鍵を保管しない」方針の管理会社もありますが、多くの管理会社では管理物件の鍵を保管しています。仮に保管していない体制の会社であっても、安否確認業務がなくなるわけではなく、緊急時には鍵の専門業者に開錠を依頼したり窓を壊したりする必要があるのです。

次に、「鍵を開けて入室する」「窓を壊す」という行為についての問題ですが、賃貸物件は大家さんの所有物であるとはいえ、入居者に貸している以上は他人の部屋となります。ですから、正当な理由なく入室すれば住居侵入罪、鍵や窓を壊せば器物損壊罪となり、刑事事件となってしまいます。

そのようなリスクがあるのに入室するのはなぜかと言えば、「室内で倒れている可能性があるから」です。

長年の経験から言えば、そういうことの9割以上は「単純に不在だった」、あるいは「部屋で寝ていた」など、問題がなく、実際に倒れていることは1割以下でした。

ということは、かなりの確率で別段問題のない部屋の鍵を開けることになるのですが、刑事事件として訴えられた経験は一度もありません。

「人命最優先で開けさせていただきました」と言えば、たいていの人は怒ったりしません。また、トラブル防止のためにも必ず警察官に同行を依頼しています。実際、警察官が同行することで適法になるわけではありませんが、警察官も「人命救助のやむを得ない状態」であると判断してくれるため、万が一の対応も引き継ぐことができます。

1割の残念な出来事については、前著の『助けてクマさん！　賃貸トラブル即応マニュアル』に書かせていただきましたが、人命最優先の次に大切なことは、大家さんの所有物件を発見の遅れで「事故物件」にさせないことです。そのためには、緊急時の現場では素早い対応と適切な判断が求められるのです。

そして、対応するのが管理会社のスタッフだとしても、大家さん自身こういった事態が現実にあると想定し、「心の準備」をしてもらうことも賃貸経営リスクに備えるうえで大切なことなのです。

クマからのアドバイス

【対応方法】

① 連絡内容の精査（入居者との関係性・本人確認）。

「安否確認してほしい」と連絡してきた人についての精査と考えてください。

② 緊急性の判断（健康やメンタルで不安がある状態なのか）。

安否確認の対象者の既往歴などです。

③ 入居者への通知（親や勤務先からの電話には出ないだけという場合があるので、管理会社からの電話やショートメール等利用）。

④ 緊急性があると判断した場合は警察へ立会いの同行を依頼する。

⑤ 現地にて在宅確認して玄関ドア越しに「管理会社ですが安否確認で鍵を開けます！」と何度も伝える。

この呼びかけで、居留守を使っているだけの入居者はほぼ鍵を開けます。

⑥ 警察官と一緒に入室（事件性が高そうな場合は、警察官の指示で待機）。

⑦ 中で倒れていた場合は、警察官より救急手配。

⑧ 不在であった場合は、入居者にその旨を置き手紙または電話で事後報告。

⑨　不在の場合の撤収時には照明の消し忘れ、窓・ドア等の施錠忘れに注意。
　このとき、物がなくなった、壊れたなど、言いがかりをつけられないように引き出しを開けたり、郵便物の中身をチェックしたり、安否確認以外のことは絶対にしないというのは大前提です。

　もしかしたら、安否確認を依頼してきた関係者が過敏に反応している可能性はなくもないですが、人命救助を第一に考えていますので、安否確認をしたことが正しいか間違っているかは、結果論となる話です。そこは自己責任でご判断ください。

心理的瑕疵《かし》対応の難しさ

私は、貸室での自殺案件や孤独死で発見までに数カ月かかったなどの場面に何度か遭遇しています。

次ページのグラフを見てください。この数字はもちろん、すべてが貸室でのことを表しているわけではありませんが、状況をつかむためにここに掲載しています。それによると、平成22年当時よりは自殺者数は減っています。

にもかかわらず、そういう物件が「事故物件」として取り上げられることが増えたと感じています。それは、なぜでしょうか。

「事故物件」というのは、室内で事件や事故、自殺などがあって人が亡くなっている場合を指しますが、自分が借りようとしている部屋がそうであるかどうかを気にする人が増えたということなのではないかと思います。専用のサイトがあるほどです。

では、事故物件が発生した場合、何が問題となるのでしょうか？

まず、事故物件だからといって、その後永久に人に貸せなくなるわけではありません。ですが、その場合は、「心理的瑕疵」に配慮することが重要となってきます。

「瑕疵」とは、簡単に言うと欠陥という意味なのですが、「物理的瑕疵」であれば、雨漏りやシロアリ被害等、目に見える欠陥のことを、「法的瑕疵」であれば建築基準法に違反している建物等、何らかの法律に違反していることを意味します。

ですが、これが、「心理的瑕疵」となると目で見てもわかりませんし、建築に関する法律に違反しているものでもありません。

特に法律があるわけではないため、言葉で伝えるのは難しいのですが、「物理的な問題がない状態にも関わらず、過去の出来事から気分的な問題で嫌悪されてしまう」といったことを指しています。つまりは、

図12　過去10年の自殺者数推移

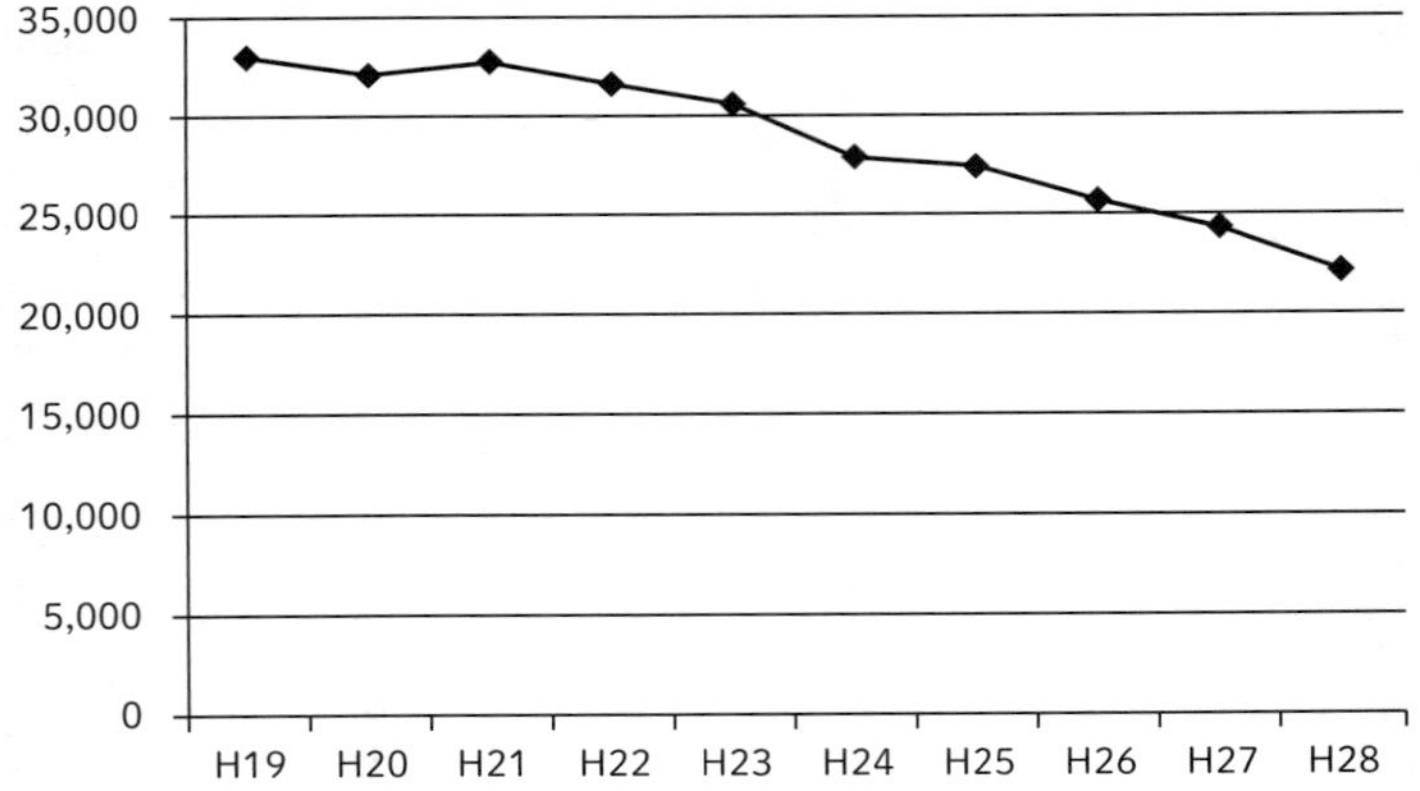

（警察庁 web で発表の数字を元に作成）

事件や事故、自殺などにより室内で人が亡くなっていた場合のことです。

ただし、法律がないとはいえ、心理的瑕疵があるとされた多くの裁判例がありますので、賃貸・売買等不動産取引をする場合は、大きな問題となるのです。

▼心理的瑕疵の問題点

心理的瑕疵に関しては、大きく分けると次の三つの問題点があります。

①　物理的な問題

②　告知期間の問題

③　記録が残ってしまう問題

では、順番に説明していきましょう。

①　物理的な問題

この問題が一番わかりやすいのですが、簡単に言えば原状回復の問題です。私が過去に経験した自殺や孤独死の現場で、発見までに5カ月以上経過した状態の部屋がありました。

ワンルームマンションの一室で密閉性が高く、練炭自殺をするために換気扇を切り、窓の隙間部分にガムテープを貼りつけている状態だったので、玄関ドアを開けた時には腐敗臭が気体ではなく固体として襲ってきた感じでした。

また、別の物件では、発見は死後1日（前日は電話に出た）でしたが、浴室での練炭自殺だったため、浴槽に金属製バケツの丸い焦げ跡がくっきり残ってしまいました。入室した際、死臭はなかったのですが、スモークの香ばしい香りが染みついて、ユニットバスを丸ごと交換する事態になりました。

そんな感じで、ほとんどの案件は、部屋の状態を元に戻す工事が必要となるのです。通常の原状回復工事と違い、特殊な清掃業者に残置物の撤去と、室内清掃をしてもらい、最後に滅菌消毒をする手間と費用が増えます。

また、強烈な臭いが残っている場合は壁紙やフローリングだけでなく、石膏ボードや、建具なども交換することになります。

この原状回復に関しては、保証人あるいは相続人（ご遺族）の方に費用負担をお願いする形ですが、現場を確認された場合は、この請求がやむを得ないものだとご理解いただけることがほとんどです。

②　告知期間の問題

原状回復をして、臭いもなくなり見違えるほどきれいになったとしても、次に借りる（買う）人を探す際には、この部屋で何があったかを告知する必要があります。

宅建業者である不動産会社は、故意に事実を告げなかったり、不実のことを告げたりすることは法律上禁止されていますので、知っている事実は伝えなければなりません。この部分での不正が発覚すると、仮に法的に問題がないとしても、部屋を借りる（買う）お客様に対して信用がなくなるだけでなく、社会的にも非難されることになりますので、特に慎重になるところです。

恐らく一番知りたいのは、「何年告知する必要があるのか？」だと思いますが、結論から言うと、裁判例は豊富にあるのに法律がないといった状態になっています。

裁判事例に関しては、紙面の都合上、掲載できませんが、２１１ページに掲載した一般財団法人不動産適正取引推進機構（ＲＥＴＩＯ）の判例検索システムのサイトが役立ちます。

そのため、裁判例によると、その物件の環境が都会か地方であるかなど、個別の要因によって告知期間が2年程度から数十年とさまざまです。

また、東京地裁の平成19年8月10日の裁判例では、自殺後最初の賃借人には告知すべきであるが、その次は告知不要（ただし特別に短期間で入れ替わった場合は除く）との内容もあります。

裁判例にはさらに詳しく書いてあるのですが、あくまでもその案件ごとでの判断なのです。

私も、「何年経ったら告知しなくていいの？」と聞かれることがありますが、貸主や売主側に立てば、「告知なんか早く終わらせたい」となり、借主・買主側の立場から言えば、「永久に伝えるべきだ」となるので何とも言えません。法律がない以上、「何年告知するのか?」の正式な答えは裁判所に判断していただくしかないということでしょう。

ここで、もう一つ問題が出てきます。損害賠償の問題です。

告知をして貸しに出すと賃料が下がり、売りに出すと売買価格が下がります。物件価値が下がった部分に関しては、自殺した入居者の連帯保証人や相続人に損害賠償を請求するのですが、仮に、5年間告知が必要であると貸主(売主)側が判断すれば、払ってもらえるかは別として5年分の家賃の減額想定額が損害額となるわけです。もし、「永久に伝える必要がある」という判断であれば、損害賠償請求額も増やせるのかということになり、そんなことを言い出すと、物件を買い取ってもらうしかなくなってしまいますから、現実問題としては妥当な額を調整することになります。

平行線になった場合には、裁判所に判断してもらうのが最終的な話となりますが、今まで自分が関わった案件は、話し合いで解決したか、相続放棄されて取りっぱぐれたかという結果になっております。

ちなみに、参考までに東京地方裁判所で出された判決文をご紹介します。

【東京地方裁判所　平成19年8月10日判決の要点】

東京都世田谷区のワンルーム10世帯の1室（賃料6万円）室内で借主が自殺後、相続人と連帯保証人へ損害賠償請求をした。

・貸室で自殺しないことも賃借人の善管注意義務に含まれる。
・相続人と連帯保証人には、貸主の損害を賠償する義務がある。
・貸主は自殺事故があった旨を賃借希望者に告知する義務がある。
・貸主は他の部屋の賃借希望者にまでは告知する必要はない。
・自殺後最初の賃借人には告知すべきであるが、その次は告知不要。
・ただし上記の告知不要は特別に短期間で入れ替わった場合は除く。
・自殺した部屋以外の賃料の減収は因果関係を認められない。
・自殺から1年は賃料が入らず、その後の2年は賃料が半額と推認。

あくまでも、この案件での裁判例ですので、事例により異なる場合があります。最終的な判断は、弁護士の先生等にご確認ください。

③　記録が残ってしまう問題

この件に関しては、物件の貸主（売主）にとっては非常に重大な問題となります。有名な事故物件サイトを主催されている方の講演会に参加し、懇親会でいろいろ質問させていただいたのですが、間違いであった場合を除き、告知の期間は永久なのだそうです。「告知をしない不当な大家さんや不動産会社から消費者を守る」という使命と「死亡事故や事件があった物件は永久にサイトに載せる」という信念が伝わりました。ですから、このサイトがなくなることはないと思われます。

仮に、なくなったとしても、今の時代、一度インターネットに載ってしまったら消すのは容易ではありません。そんな状況ですので、やがては日本中が事故物件だらけになって珍しくもなんともなくなり、賃料の減額幅も少なくなる時代が来るのかもしれませんね。

▼原状回復に関する参考例

事故物件の原状回復に関しては、室内の劣化具合によって判断されます。長く住んでいる部屋ほど自然損耗や経年劣化、設備の老朽化があるものですが、当然ながらそういう部分は大家さん側が負担するべき部分ですので、公平に負担区分を決める必要があります。

ですが、部屋で自殺して数カ月後に腐敗した状態で発見された場合は、表面上の見える部分だけでなく、クロスの内側にある石膏ボードや床、天井、建具、設備を含めたすべての物を交換する必要が出てきます。

死後早い時期に発見された場合とは異なり、腐敗臭は簡単には取ることができません。参考までに、原状回復費用の過去の事例をご紹介いたします。
東京都内の区分RCマンションの1室（約20㎡）での練炭自殺（死後5カ月）の事例です。親御さんからの安否確認で入室した際は、窓や玄関ドアにガムテープでしっかりと目張りしている状態で、半端でない腐敗状態でした。

【残置物撤去・特殊清掃・消毒業者の費用】

残置物撤去・消毒・殺虫処置・消臭等一時的な対処を行い、通常のリフォーム業者が入れる状態にしてもらう費用……約35万円

【壁・床等の室内リフォーム費用】

床・壁・天井に関しては全面と石膏ボードに関しても張替えを行う。
また、買換えを余儀なくされた照明器具・エアコン・備付冷蔵庫に関しては、貸主と折半……約44万円
※その他、造作やバリューアップ設備に関しては貸主側にも負担がありました。

この案件は、発見からご遺族（連帯保証人）のリフォーム費用承諾まで3週間程度で済んだため、早く解決できました。

ただ、資力が無かったり、相続放棄や支払いを拒むご遺族や保証人だった場合は、長期化したり大家さんが全額負担したりすることになる事例もあります。

このように、20㎡程度の物件でも結構な金額となりますが、もう少し広い物件で残置物が多い場合や、浴室で自殺した場合にユニットバスを交換するなど、状況次第では金額が増えることになります。

こうした事態に対処するには、貸主側で入る孤独死等に備える保険が登場していますし、借主側で加入する家財保険（共済）にも死亡時の修理費用を賠償する特約がついている場合もあるので、各保険会社へご確認ください。

クマからのアドバイス

「物理的問題」「告知期間の問題」「記録が残ってしまう問題」がある中で、一番わかりやすいのは「物理的問題」だと思います。

しっかりと原状回復をして、見た目も機能上も何も問題がないのに、「怖い」「気持ちが悪い」「縁起が悪い」といった心理的な問題は、賃貸経営の首を絞める実に厄介なトラブルです。

自分としては、貸主（売主）側の気持ちもわかりますし、借主（買主）側の気持ちもわかります。

だからこそ、ずっと平行線になるのだと思うので、ある程度の妥協点を法律やガイドラインで設けてほしいと切に願います。

管理会社のスタッフとしても、精神的にかなり痛手となるトラブルですので、慣れろとは言いませんが、裁判事例を見ておくなどの勉強と、現場で対応した人の話をじっくり聞くなどして、イメージトレーニングすることが重要だと思っています。

第4章のまとめ

☑ネチネチ・恫喝系にも丁寧に対応するが、警察への相談も選択肢とする。

☑暴力団の特徴を理解し、賃貸物件への入居を事前に見抜く努力をする。

☑見抜けなかった場合は、早めに警察と連携したり、暴力追放センターなどへ相談する。

☑安否確認は、人命の安全を最優先に考えるが、鍵開けも慎重に行う。

☑心理的瑕疵では、原状回復、告知、損害賠償、記録が残ってしまうという問題がある。

第５章

トラブル解決の達人になるためには

4．大家さんの血液型

（回答 167件）

これがまたO型・B型・A型・AB型の順番でした。

ちょっと不思議な感じがしますが、何か意味があるのでしょうかね……。

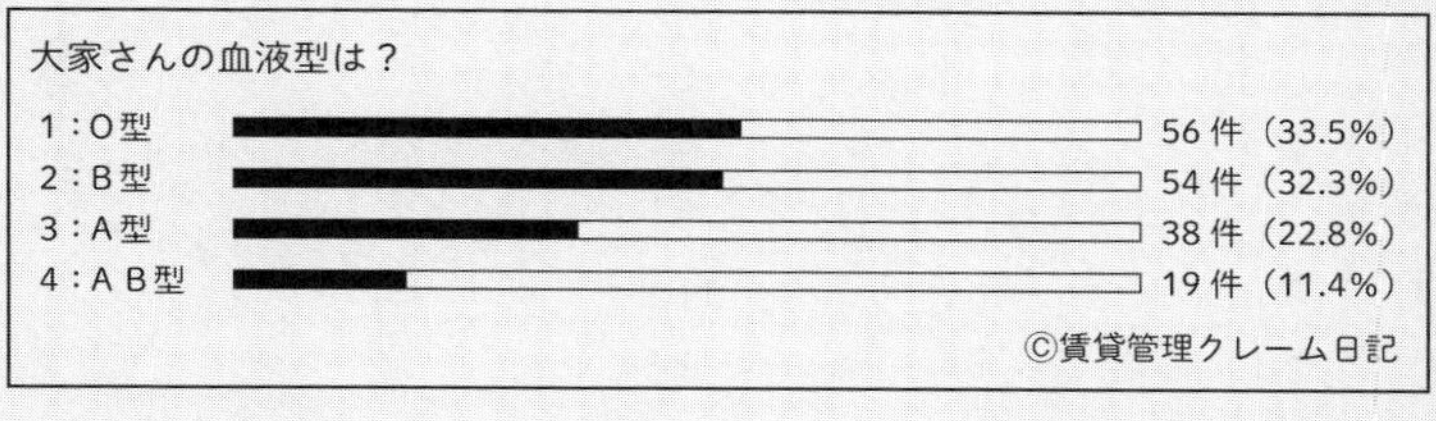

賃貸管理会社の役割と専門家との連携

不動産に関連する仕事をしていると、さまざまな知識が必要となります。法律・建築・税制・相続・投資分析など、突き詰めると実に奥深く、特に税制は毎年のように改正が行われるので、常に勉強していないとトラブルの元になりかねません。

すべての知識が頭に入っていれば言うことはありませんが、一定ラインを超えるとやはり各分野の専門家と協力しながら仕事を進める必要があります。

例えば、滞納問題を対処する際に、法的手続を行うことになったとしても、貸主と借主の間に入っている「管理会社の立場」では、貸主の代わりに裁判所関係の手続を行うことはできません。

何をそろえて、どんな書類を書いて裁判所の窓口に持っていけばよいか知っていたとしても、手続そのものを行ってしまったら、弁護士法や司法書士法に違反する犯罪行為になりますのでハッキリと線引きしなければなりません。

自社物件や、自分の所有物件で自ら当事者となる場合は、遠慮なく法的手続をすればよいのですが、それ以外は、「有料でやってないから」など、いろいろな理屈をつけたとしても、グレーな行為は慎むべきです。

これは、税金関係のアドバイスでも同じことです。

あらゆることを経験してくると、「こうすれば大丈夫」「計算しておきますよ」というふうに安易に話を進めてしまうものですが、そういう場合は、税務署のホームページに出ている一般的な事例での解説を参考にしてもらう程度でとどめておく必要があります。ただし、実際の現場では実務上の知識として話をしないといけませんので、「知らなくてよい」という意味ではなく、知っているけれど「専門士業の分野になります」と説明し、適法に安全な対処をするべきです。

では、我々管理会社の役割は何でしょうか。ということになりますが、宅建業者であれば不動産の仲介や売買を目的とし、取引が成功した場合に手数料や売却益をいただくことが法律上認められていますので、成約に向けて頑張ることになります。

しかし、「管理」をしているうえでの案件は、必ずしも仲介取引が発生するとも限りません。管理手数料の範囲内だけで完結する場合もあるかもしれませんが、向かうべきはコンサルティングの分野になります。それでも、不動産取引以外に行うコンサルティングについては、資産活用提案、相続問題の解決等々、さまざまな分野が想定できますが、お話ししたとおり、法律や税制が絡むと弁護士や税理士の先生などの専門家の領域と被りますので、注意が必要です。

専門家に仕事を依頼すると当然ながら費用がかかりますが、その費用を支払ったことで不安が解消されたり、グレーな部分が無くなったりすれば、最終的に依頼者の利益となるわけです。

そのことを踏まえて管理会社が行うコンサルティングの役割を考えてみると、「依頼者の資産価値を向上させる」という基本的な役割の他に、「依頼者の望むことをまとめる」「改善するべき事項をわかりやすく説明する」といった「調整業務」が大切な役割となります。

つまり、大家さんと入居者の間に入るのが管理会社の基本業務でありますが、その部分においても「調整業務」は重要な仕事であり、第2章でも述べましたが、突き詰めれば「感情の問題を解決」する仕事が管理会社の大切な役割でもあるといえます。

トラブル解決の身近な存在として

この仕事をしていると、大家さんと親密な関係になり、不動産以外の相談を受けることがよくあります。

特に私は、長年、「相談に乗る」タイプのスタイルで活動してきましたので、パソコン初心者の年配の大家さん宅へセッティングに行ったり、自宅を売却して賃貸物件に引っ越しする70代の女性に携帯電話の設定をしてあげたりと、一見、何屋だかわからないようなことをしています。

そんな感じで仲良くなることは、長く管理を委託されるうえで、大切な要素ではあるのですが、そのうち何でも頼まれるようになると、変なお願いをされる場合が出てきます。

今回は、そんなお願いのうちのひとつをご紹介します。恐らく、読み進めると、管理とまったく関係ないじゃないかと思われるかもしれませんが、私が体験した事例として、こんなこともあるのだなとご理解いただければと思います。

「生きているうちに恨みを晴らしたいんだ」と地主のEさん（80代男性　独り暮らし）から相

談を受けました。

簡単に書くと、本家を引き継いだEさんとお兄さんとのトラブルなのですが、「感情」と「お金」が問題になっています。

「感情」については、子どもの頃にお兄さんにいじめられて育ち、30代から70代にかけては家族関係でのトラブルが続きました。

また、「お金」については、Eさんが一時期病気で寝たきり生活になった際、面倒を見てもらう約束でお兄さんに支払った数百万円が返ってこないことから発生しています。

私に話を持ちかける前に、Eさんは市役所の法律相談で連日、弁護士の先生相手に、時間切れになるまで話を聞いてもらった結果、「家庭裁判所での調停がよいのではないか」とアドバイスされたとのこと。

そこで、今度は裁判所へ電話したら「話の内容がよくわからない」と、10分で電話を切られちゃったそうです。年配の方にありがちな、同じことを何度も話し、要点が伝えられない状態だったのでしょう。それで、私の会社の顧問弁護士に相談しようということになったのでした。

そして、Eさんに頼まれ、弁護士に相談するために事前に簡潔に話をまとめるべく、タブレットに箇条書きで書き出してみることにしました。

これがまたEさんの補足説明が多すぎで脱線気味。当初、A4用紙1枚で簡潔にまとめようと思っていましたが、4枚にもなってしまいました。

結局、箇条書きにまとめた文章をメールで弁護士事務所に送ったところ、「訴訟は無理だから、家庭裁判所の調停を申し立てて言いたいことを伝えるほうが無難だと思う」と言われてご本人に手続してもらいました。

調停の呼び出し状には、私がまとめた箇条書きの文章ではなく、Eさんが、子どもの頃からの恨み辛みを長々と書いた手紙のような添付書類が一緒に送付されました。

調停があった翌日にEさんに呼ばれたので、話を聞きに訪問してみました。

クマ　「お兄さん、調停に出てきたんですね?」

Eさん　「来たけど、別室で調停委員を介しての話だったから会わなかったよ」

クマ　「お詫びはしてくれたんですか?」

Eさん「返すべきお金は無いって言われたうえに、俺のことを認知症の疑いがあって心配だとか言われたんだよ。本当に、死んでも死にきれないくらい悔しいんだ」

おまけに最後の望みだった調停も、Eさんの思いを聞いてくれなかったことに、落ち込むのを通り越して放心状態に近い様子でした。

人生の終盤には「思い出」が楽しみになると思っていましたが、そんなに単純にはいかないものなのですね。何が正しいのか裁判所で決着がつかない場合は、心の問題として残ってしまい、本人が割り切れない場合には死ぬまで引きずることもあるのでしょう。誰もがあの世へ行く日が来るわけですが、できればその時には辛い思いから解放されてほしいものです。

こういう事例は、法律とは違う分野ですし、直接的に管理業務と関係のない話ではありますが、これからますます高齢化が進むとなると、避けては通れないものなのかもしれません。ひとつの事例としてご紹介いたしました。

将来有望な調整業務

「そこから先は弁護士の領域」「それは、税理士法に触れる行為」……。

この仕事、何をやるにも「分をわきまえろ」的な壁を感じることがたまにあります。トラブル対処に関しては、突き詰めると法的手続の分野となり、資産活用提案で税務の話になると、堂々と仕事ができない後ろめたさが出てくるものです。

自分自身、このような書籍を書かせていただいたり、業界団体の依頼でセミナーの講師を頼まれたりすることがありますが、弁護士の先生が講師をしたほうが説得力が出るのではないかと思うこともあります。

しかし、弁護士の先生や税理士の先生は、いわゆる「専門家」ですので、「専門的なことを必要とする際」に有料でご登場いただく存在です。ですから、弁護士の先生が、管理会社における電話対応の段階から登場したり、税理士の先生が私のように、大家さんの家を訪ね、お茶菓子を食べて長々と雑談することはないはずです。

もちろん、自分自身、お茶菓子を食べるのが仕事とは思っていませんが、「人間関係の構築」

のために、世間話をすることから始まる仕事はけっこうあるのではないかと思っています。また、そこから話が発展し、正式な案件になることも少なくありません。

トラブル処理にしても、最初から争いが起こることはまれで、問題発生についての対応の不手際、解釈の違い、感情問題などが複合して燃え上がっていくわけです。だからこそ、ふだんからのコミュニケーションが大切なのです。

私は、長年この仕事を続けてきて、対入居者・対大家さん・対近隣住民等々、相手に関わらず問題の根底にある要点は「気持ちの問題」だと感じています。そういった部分を理屈や法律で決着するのが法治国家の基本だとわかったうえで書きますが、単純な勝ち負けの判断を出すなら弁護士の先生に頼んで裁判に勝ってもらうのが一番かもしれません。でも、裁判だと「気持ちの問題」のケアは難しいでしょう。だからこそ、その前段階の「火種となっている時期」に活躍する存在として管理会社の出番があると思っています。

「何かおかしくない?」「そんなこと言うなら許さない」など、問題発生の初期段階には必ず小さな火種の時期があるものです。例えば、騒音トラブルの場合には、「上の人は当てつけにわざと音を出してない?」とか、「注意した後から監視されている気がする」という感じで疑心暗鬼になる時期があるものです。そんなときに、一緒になって不安がらせてしまうのではなく、「そんな人じゃないから大丈夫です。念のため私がそれとなく確認しておきますよ」と、不安を和らげることが大切です。もちろん、なかには敵意むき出しの相手がいるかもしれませんが、たいていはお互いに神経質になっているだけだったりしますので、「そんなことをする人じゃないですよ」というひと言が火種を消すきっかけにもなります。

このように、法的な手続にまで至らないような話は、カテゴリー的には「調整」の分野です。目立ちませんが、実は、管理会社はこの「調整テクニック」を使っているものなのです。

これまでにも繰り返し述べていますが、「人と人」との調整業務は「感情の問題」が中心となります。もちろん、「何が悪いのか」を突き詰める場合には、理屈も法律も重要なことは言うまでもありませんが、「感情」の部分を解決すれば「理屈や法律」の問題にならないケースも多くあるはずです。

大きくなってしまったトラブルの解決方法を専門士業に任せるとするならば、管理会社としては、なるべくトラブルを大きくしないよう、「調整業務」を行うことこそが大きな役割になっているのではないでしょうか。

ひと言で調整業務と言いますが、これは、相手の言いたいことをよく理解し、求めていることに応える仕事です。これは、少し前に流行った「忖度《そんたく》」の仕事でもあります。「忖度」とは「他人の気持ちをおしはかること」だと辞書には書いてありますが、私はよい言葉だと思っています。

目に見えない役割なので、つかみどころがなく、「仕事としては目立たない分野」ですが、これこそ「感情を動かす調整テクニック」の基本ということになります。

私自身、まだまだ完成形ではありませんが、この調整業務を目に見える形にしてアピールし、「関わってくれてよかった」と言われるくらいになりたいものです。こうしたアピールもコンサルティングテクニックとしては、重要なのだと考えています。

この先AIの技術が浸透し、ほとんどの業界で人の代わりに機械が対応するようになると言われています。まったくそのとおりだと思いますが、人と機械の一番の違いは「感情」だと思います。どんなに技術が進んで人間以上の判断力と知識が備わっても、感情の部分をカバーできるのでしょうか？　きっと、激怒している相手は「機械に怒っても意味がないから人間を出せ！」と、言ってくると思います。「お前じゃ話にならないから責任者を出せ！」というのと似ていますが、責任を取らせる前の段階で、「感情のない相手と話したくない」という「気持ちの問題」が出てくるのではないでしょうか。

その点で、我々管理会社はまだまだ活躍できると思っています。いずれにしても「調整の仕事」は、「感情」が存在する限り、続けられるよい仕事だと思いますので、たとえ、他の業務がAIにとって代わられたとしても、続けていける分野なのではないでしょうか。ですから、この調整業務は、将来性に関しても有望な業務です。

心を鍛える

平成17年9月29日に初めて書いたブログ記事の題名は「何事も経験かな」でした。当時の私は、賃貸管理歴10年の段階で、それなりに経験を積んでいる時期ではありました。あれから12年の月日が経ち、さらに多くの経験を積むことができました。

ブログを書くことで、変な出来事も辛い出来事も経験値を上げることができたと思うことで、何度もピンチを乗り越えてきました。と言っても、誰だってトラブルの真っ最中は辛いものです。

「管理物件が殺人事件の現場になった」「暴力団的な人に恫喝された」「話の通じない人に恨まれた」「取り返しのつかないことをしてしまった」など、仕事をやればやるほど、いろいろなことに遭遇します。ある意味それが、この仕事の中心でもあるわけです。

そんな時の私の対処法ですが、「なんでこんなに辛い経験をするのだろう」ではなく、「自慢できるほど辛い経験をしている」と、見る角度を変えることから始めます。そうすることで、意外にも心は鍛えられるものです。筋トレやランニングで体を鍛えるのと同じように、心は「辛いこと」で鍛えられます。言いすぎかもしれませんが、辛い、悲しい、悔しい、憎い、というマイナスの出来事こそが、心を強くするチャンスなのです。逃げずにチャレンジすることは心を鍛えることにつながります。

そして、あまりにも強烈な出来事の場合には、「心が折れる」前に逃げ場所を作ります。そのことに関しては、「集中して考える時間」と「まったく考えない時間」を作って一時的に逃げるのです。もちろん、真正面から取り組まない限りトラブルは解決しませんので、「まったく考えない時間」の後には「集中して対応する」のです。それが心を折らないコツとなります。

これは、仕事でのことと考えれば割り切りやすいと思いますが、プライベートでの出来事にも応用が利きます。

「逃げずに対応する」＋「まったく考えない時間を作る」＝「割り切る」の繰り返しが、心を鍛えながらトラブルを解決するコツとなるのです。

ですが、不動産に関して言えば、火災や事故等、貸主や管理者側に責任が発生することもあり得ますので、人命に関わるような出来事には十分注意をしなければなりません。もし、取り返しがつかないことをしてしまった場合には、償いをしなければならないかもしれませんし、場合によっては刑務所に入らないといけなくなるかもしれません。

私はまだそのステージの経験はないのですが、そのような事態に陥った場合は、「心を鍛えている」なんて言えないですよね。

私は、心理学者でもお坊さんでもないので、偉そうなことは言えませんが、すべては自分と自分以外の感情の問題ですので、生かされていることを実感して反省や償いの心を持ちながら前向きに進むべきだと思っています。

第5章のまとめ

☑管理会社の仕事は、あらゆる分野の専門家との連携が必要である。

☑管理会社の仕事の核は、調整業務である。

☑調整業務とは、大きな問題に発展する前の火消しの役割でもある。

☑「逃げずに対応する」＋「まったく考えない時間を作る」＝「割り切る」がメンタルを鍛えるコツ。

クマのお役立ちＵＲＬ集
（業務の参考にする公的機関のサイト）

・法務省所管の法令
　http://www.moj.go.jp/syokan-horei_index_sh.html
・民法改正関係
　http://www.moj.go.jp/MINJI/minji07_00175.html
・国土交通省所管の法令
　http://www.mlit.go.jp/policy/file000002.html
・原状回復をめぐるトラブルとガイドライン
　http://www.mlit.go.jp/jutakukentiku/house/jutakukentiku_house_tk3_000020.html
・裁判所関係　http://www.courts.go.jp/
・日本賃貸住宅管理協会　https://www.jpm.jp/
・首都圏不動産公正取引協議会　http://www.sfkoutori.or.jp/
・不動産適正取引推進機構　http://www.retio.or.jp/
・RETIO 判例検索
　http://www.retio.or.jp/case_search/search_top.php
・国民生活センター　http://www.kokusen.go.jp/
・警察庁　http://www.npa.go.jp/
・総務省消防庁　http://www.fdma.go.jp/
・全国暴力追放運動推進センター
　http://fc00081020171709.web3.blks.jp/
・全国宅地建物取引業協会連合会　https://www.zentaku.or.jp/
・全日本不動産協会　https://www.zennichi.or.jp/

あとがき

最後までお読みいただきまして本当にありがとうございます。

今回の出版にあたっては、ブログ「賃貸管理クレーム日記」に記録していたさまざまな出来事を振り返りました。

トラブル案件に対応している真っ最中には「こんな仕事、やってられない」的な気持ちになっていたなと思い出しましたが、振り返ってみれば、すべてに学ぶべきことがあり、よい経験だったと実感しています。

管理会社の仕事の重要な役割として特にお伝えしたかったのは「感情に配慮した調整業務の重要性」ですが、この感覚は賃貸管理や不動産売買の仕事を通じてさまざまな人と接したことにより培ったものです。だから、本書でも繰り返し述べています。

生活に密着し、多くの人にとって人生で一番高額な買い物となる不動産の仕事は、本当に奥深いものですね。

そして、もう一つ力を入れてお伝えしたかったのは、「記録することの重要性」です。

不動産に関する記録は「トラックレコード」と呼ばれ、物件の収支・稼働実績・修繕履歴など、その物件を現状分析するために大変優れたものです。

物件の歴史を語るトラックレコードの整備は大家さんや管理会社の大事な仕事だと考えますが、不動産だけでなく「人」に関する記録も重要です。

文字で残すだけの日記から写真、ビデオと記録媒体が進化したわけですが、さらに時代が進めば想像もできないような技術が生まれてくることでしょう。

ですが、今あるものに関しては記録をつけない限り消えていくと思います。

自分自身、物に関する記録だけでなく、関わりを持った人との出来事を「ストーリー」として残していきたいと強く思っていますので、これからもブログを書き続けて記録をつけていこうと思います。

また、個人でつける記録だけでなく、管理会社として残す記録も重要です。そして、その記録を社員全員で共有することによって迅速な対応が可能となります。

私の勤務先では、自分を含めて5人で管理の仕事をしていますが、仕事の基本はグーグルに頼っています。頼っているというと大げさですが、行動管理はグーグルのカレンダー共有、連絡、記録に関してはGメールを利用しています。そうすることで、伝達のもれがないばかりか、携帯電話でも見ることが可能なため、外出中だからと対応が遅れるということがなくなります。もちろん、各種データについては、二段階認証システムでパスワードを強化したり、パソコンや携帯電話の画面にロックをかけたりするなど、個人情報の流出を防ぐ努力をすることは言うまでもありません。

おかげで、会社のメールしか見られなかった時代から比べると、こうした仕組みを利用することで、迅速に業務が進むようになりました。ＩＴでは解決できない「人間の感情」を相手にする一方で、少しでも早く対応できるシステム作りは大変重要であり、その両方のバランスがとれてこその管理業務だと思っています。

最後に、本書の出版にあたり、ご協力いただきました皆様に御礼を申し上げます。

また、読者の皆様におかれましては本書が管理業務や資産価値向上につながり、気持ちの支えとなれば幸いです。

平成30年2月　　　　熊切　伸英

◇著者紹介

熊切伸英（くまきり　のぶひで）

（略歴）

電鉄系不動産会社にて一戸建・マンション販売営業を７年間経験後、埼玉県久喜市のベルデホーム株式会社にて賃貸管理業務を10年間担当。その後、不動産コンサル会社、株式会社シー・エフ・ネッツにてプロパティマネジメント事業部マネージャーを経験。2009年より再び埼玉県久喜市のベルデホーム株式会社にて管理部長として地主さんの資産活用・売買・相続対策に力を入れている。その傍らセミナー講師としても多数活躍中。主な著書に『助けてクマさん！ 賃貸トラブル即応マニュアル』（週刊住宅新聞社）がある。また、自身の日常業務をネットで公開したブログ「賃貸管理クレーム日記」（http://tintaikanri.livedoor.biz/）を2005年９月よりスタートして13年目を迎える。今まで書いた記事数は4,360話を誇り、2011年３月からは毎日欠かさず更新中で人気を博している。

（取得資格）

・全米不動産管理協会認定ＣＰＭ®
・宅地建物取引士
・マンション管理士
・公認不動産コンサルティングマスター
・管理業務主任者
・ファイナンシャルプランナー（ＡＦＰ）
・賃貸不動産経営管理士
・相続対策専門士　他

帰ってきた　助けてクマさん！　賃貸トラブル即応マニュアル

2018年２月19日　初版発行

著　者　熊切伸英
発行者　中野孝仁
発行所　㈱住宅新報社

出版・企画グループ（本社）
〒105-0001 東京都港区虎ノ門3-11-15（SVAX TT ビル）
電話（03）6403-7806

販売促進グループ
〒105-0001 東京都港区虎ノ門3-11-15（SVAX TT ビル）
電話（03）6403-7805

大阪支社　〒541-0046　大阪市中央区平野町1-8-13（平野町八千代ビル）電話（06）6202-8541㈹

印刷／亜細亜印刷㈱

落丁本・乱丁本はお取り替えいたします。

Printed in Japan

ISBN978-4-7892-3881-6　C2030